逝去的武林

逝去的武林

李仲軒 口述

徐皓峰 撰文

香港中和出版有限公司
www.hkopenpage.com

目錄

第三編 尚門憶舊

第四編 薛門憶舊

前言

賣衣買刀

徐皓峰

《路加福音》的「錢囊、口袋、刀」章節，被捕前夕，耶穌囑咐門徒賣衣買刀。五世紀，中東地區的教父將此言解釋成棄世求道，衣服是俗世，刀是修行，一個換一個。

放棄生活的教父們都是生活的高手，情智高，妙語連珠，並有傳播網，將自己的逸事流傳大眾。他們有鄰居有客人，說：「待客人如待耶穌，會與鄰人相處，便會與上帝相處。」

賣衣買刀的實情，不是捨衣得刀，而是衣服裡藏把刀。

教父是待在家裡的人，憑個人魅力重建身邊世俗。後來，教父的家被教堂取代，教父被神父牧師取代。教父型的人在東方更為悠長，在日本是茶道師，在我小時候，是胡同裡的每一位老人。

「人老了，俗氣就少了。」是老人們聊天的話，沾沾自喜。那時的老頭、老太太長得真好看。

我姥爺李捷軒，舊式的書呆子，不問世事家事，不見得不明白。他有一個自己的尊嚴體系，每年有幾個固定看他一次的人，無禮物，不說甚麼話，一小時便走，真是來「看」人。

他們是他幫過的人，不讓帶禮物，不讓說感謝話，也不陪說話，因為幫忙時並不想做朋友。他們也適應，年年不落地來，表明不忘恩就好。

姥爺的弟弟李仲軒，家人叫二姥爺，天生有人緣，配得上「和顏悦色」幾字——這樣的人好找。他有幾次突然遷居，我憑個大概地址，附近一問「有沒有一個特和氣的李老頭？」便找到了他。

我爺爺十三歲做店鋪學徒，兩月一次化裝成菜農，背筐上火車，筐裡藏銀元，走漏消息，隨時死。少年歷險的好處，是老了反應快，爺爺八十歲仍眼有鋭光，洗臉吃飯的動作貓走路一樣柔軟。

二姥爺的和顏悦色下，藏著歷險者痕跡，我童年時便對此好奇。因為姥爺的家教，我四歲會講半本《兒女英雄傳》，小孩見了自己好奇的人，總是興奮，一次他午睡，我闖進去，說不出自己好奇甚麼，就給他講那半本書了。

他靠上被子垛，看著我，時而搭上句話。我聲音很大，時間很長，以致一位姨媽趕來把我抱走。此事在家裡成了個多年談資，我小時候很鬧，家人說只有二姥爺能應付我。他沒被吵，睜著眼睛、嘴裡有話地睡覺。

家人知他習性，下棋也能睡覺。他來姥爺家，累了，但不是睡覺時間不往床上躺，便跟姥爺下棋，姥爺見他肩窩一鬆，便是睡著了，但手上落子不停，正常輸贏。不知道他是時睡時醒，還是分神了，一個自我維持常態運轉，另一個自我想幹嘛幹嘛——長大後，知道這本領的寶貴，可惜學不會，但在囚犯和樂手身上見過，偶爾一現。險境裡出來的本領，是體能不衰，窘境裡出來的本領，是一心二用。

他一生窘境。

小學五年級，武打片風靡，問爺爺：「你會不會武功？」爺爺：「啊？死個人，不用會甚麼呀。」我如澆冷水。

初中，二姥爺住姥爺家，我問了同樣問題，他說：「沒練好，會是會。」就此纏上了他，學了一年，他沒好好教。

之後他遷居，十年未見。再見，他已現離世之相，命中注定，我給他整理起回憶錄，知道了他為何不教。

他屬於武行裡特殊的一類人，遵師父口喚不能收徒，學的要絕在身上。同意寫文，他的心理是為他師父揚名，作為一個不能收徒廣大門庭的人，辭世前想報一報師恩。

我錯過了習武，聽他講武行經歷，「望梅止渴」般過癮，整理文字猶如神助，每每錯覺，似不是出自我手。

他那一代人思維，逢當幸運，愛說「祖師給的」。見文章越來越好，他覺得寫文報師恩的做法，是對的。難得他欣慰，很長時間，他都有是否泄密的深深顧忌。

他學的是形意拳，師承顯赫，三位師父皆是民國超一流武人，唐維祿師父遊走鄉間，薛顛師父坐鎮武館，尚雲祥師父是個待在家裡的人，一待四十年，慕名來訪者不斷，從求比武到求贈言。

本書文章在二〇〇一至二〇〇四年寫成，《教父言行錄》在二〇一二年國內首次翻譯出版。對照之下，民國武人似是五世紀教父集體復活，甚至用語一致，教父的求訪者說：「請贈我一言。」武人的求訪者說：「給句話。」

教父對《聖經》避而不談，不用知識和推理，針對來訪者狀態，一語中的。比如，教父說：「我教不了你甚麼，我只是看了新約，再看舊約。」求贈言者震撼，覺得得到了最好的教誨。

整理成文字，讀者不是當事者，沒有設身處地的震撼，但讀來回味無窮，誤讀了也有益，所以言行錄能廣為流傳。

武人授徒言辭也如此，心領神會才是傳藝，並在武技之外，還有生活理念、生命感悟的餘音。老輩人說話，是將甚麼都說到了一起。李仲軒年輕時拒絕做高官保鏢，而退出武行，隔絕五十年，不知當世文法，只會講個人親歷。人的特立獨行，往往是他只會這個。

二〇一三年四月於北京

第一編

李仲軒自傳

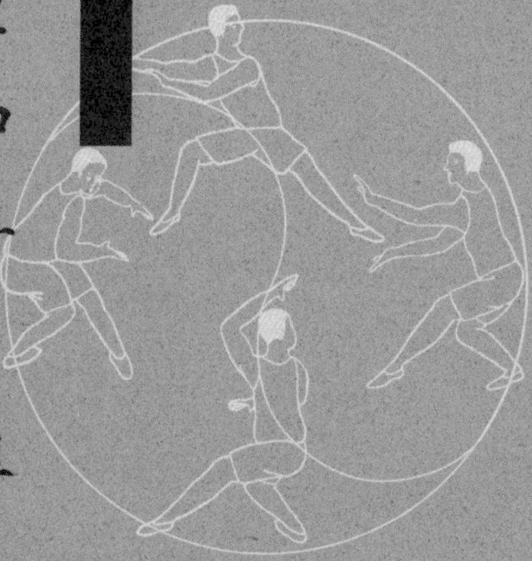

李仲軒（一九一五－二〇〇四）

天津寧河縣人，形意拳大師唐維祿、尚雲祥、薛顛弟子，因生於文化世家，青年時代武林名號為「二先生」。三十四歲退隱，遵守向尚雲祥立下的誓言，一生未收徒弟，晚年於《武魂》雜誌發表系列文章，在武術界引起巨大反響。

榮辱悲歡事勿追

我的父系在明朝時遷到寧河西關，初祖叫李榮，當時寧河還沒有建縣。舊時以「堂」來稱呼人家，我家是「務本堂」，民間說寧河幾大戶的俏皮話是「酸談、臭杜、腥于、嘎子廉，外帶常不要臉和老實李」，我家就是「老實李」。

我母親的太爺是王錫鵬，官居總兵，於鴉片戰爭時期陣亡，浙江定海有紀念他的「三忠堂」。王照（王小航）是我姥爺的弟弟，我叫他「二姥爺」，官居三品，他後來發明了「官話合音字母」（漢語拼音的前身），據說某些地區的海外華人仍在使用。

清末時，天津的教官（市教育局局長）叫李作（字雲章）是我家大爺，我父親叫李遜之，考上天津法政學堂後，自己剪了辮子，被認為是革命黨，李作保不住他，因而肄業。他有大學生架子，高不成低不就，整日喝酒，他的朋友說他中了「酒劫」，他的詩文好，但沒能成就。

一九七四年在李捷軒家的全家福

李仲軒與母親王若蘭、兄長李捷軒

李仲軒與家人

唐維祿是寧河的大武師，他的師傅是李存義①，綽號「單刀李」。刀刃叫天，刀背叫地，刀鍔叫君，刀把叫親，因為刀是張揚的形狀，所以刀鞘叫師，取接受老師管束之意，刀頭三寸的地方才叫刀，人使刀一般用天、地，大劈大砍，而李存義的刀法用刀尖。

唐師是個農民，早年練燕青拳，到天津找李存義拜師，李存義不收，唐維祿就說：「那我給您打長工吧。」就留在國術館做了雜役，待了八九年，結果李存義發現正式學員沒練出來他卻練出來了，就將唐維祿列為弟子，說：「我的東西你有了，不用再跟著我，可以活你自己去了。」

我仰慕唐師，就把家裡的老鼻煙壺、玉碟找出一包，給了他的大弟子袁斌，袁斌拿到鼻煙壺後喜歡得不得了，在大街上溜達時說：「瞧，老李家把箱子底的東西都給我了。」是袁斌將我引薦給唐師的。

唐師有個徒弟叫丁志濤，被稱為「津東大俠」。天津東邊兩個村子爭水，即將演變成武鬥，丁志濤去了。動手的人過來，他一發勁打得那人直愣愣站住，幾秒鐘都抬不了腳，這是形意的劈拳勁，一掌兜下去，能把人「釘」在地上。

他「釘」了十幾個人，就制止了這場武鬥，也因此成名。丁志濤有三個妹妹，後來我娶了他二妹丁志蘭為妻。

寧河附近的潘莊有李存義師弟張子蘭②的傳人，叫張鴻慶③。唐師讓我多去拜訪這位同門師叔，並對張鴻慶說：「我徒弟去找你，你多鼓勵。」張鴻慶腦子非常聰明，令我有受益。

他精於賭術，一次作弊時被人捉住了手，說他手裡有牌，他說：「你去拿刀，我手裡有牌，就把手剁了。」刀拿來，他一張手，牌就沒了——可想而知他的手有多快，手快腦子就快。

我行二，大哥是李轅（字捷軒），隨唐師習武後，寧河人管我叫「二先生」。有一個人叫李允田，練單刀拐子，對我師弟周錫坤說：「二先生有甚麼本事，見面我就把他敲了。」

周錫坤就跟他動起手來，用橫拳把他甩出去了。李允田回去約了東黃莊一個姓侯的人來報復，周錫坤聽到消息就避開了。

他倆四處找周錫坤時，有人告訴我說：「周錫坤打李允田是因你而起，他們找不著周錫坤就該找你了。」我當時正和父親鬧矛盾，從家裡搬出來，住在母親家的祠堂裡，心情非常惡劣，我說：「我正彆扭呢，誰找麻煩，我就揍他。」

那兩人最終也沒來找我，周錫坤回來後，也沒再找他。

寧河附近唐師有個師兄弟叫張景富，綽號「果子張」④，我們一班唐師的徒弟都喜歡待在他家，他為人隨和，也願意指點我們。一天我帶了一個朋友去果子張家，正趕上午飯，就在果子張家吃了飯。

我跟這位朋友說過，按照武林規矩，只要來訪的是武林朋友，要管吃管住，臨走還要送路費。

沒想到這朋友後來自己跑到果子張家吃飯去了，一去多次，還帶了別人。果子張有點不高興了，我就去找那朋友，不要他再去，他說：「你不是說練武術的，來人就管飯嗎？」

他是藉著聽錯了去吃飯。當時寧河發大水，鬧了饑荒，紅槍會⑤趁機招會眾，參加就管飯。唐師的徒弟廉若增亦因飢餓參加了紅槍會，他的爺爺和我奶奶是親姐弟。

唐師、丁志濤都對紅槍會反感，說：「不能信那個，一信就倒霉。」我勸過廉若增：「義和團也說刀槍不入，結果槍也入了，刀也入了，過多少年了，紅槍會還玩這套，你怎麼能信呢？」他說：「我就是去吃飯。」

紅槍會頭目楊三是治安軍督辦齊燮元的表弟，他知道我收藏刀槍，就讓我捐給紅槍會，我認為他們是騙人去送死，所以把刀槍藏在神龕上面，對他說：「我放在四十里外了。」

楊三說：「快給我取去。」我說：「現在發大水，過不去。」他又衝我吆喝，那時是我心情很不好的一段時期，我一下就發了火，說：「二先生說在四十里外，是給你面子下台，現在告訴你，就在這神龕上頭，離你五步遠，你敢拿就拿。」——這也是我唯一的一次自稱是二先生。

楊三沒拿，轉身走了。後來別人告訴我，有人問楊三：「楊三爺怎麼吃這癟，一個毛孩子都弄不動？」楊三說：「他六叔李牧之十九歲就當了同知（比知府低一級），現在的官比我表哥大。」

紅槍會和日本人開了仗，幾乎全部陣亡，河裡都是死屍，寧河話叫「河漂子」。只有一個叫李銳的十四歲小孩生還，也是為吃飯進的紅槍會，算起來還是我本家的弟弟。日本人拿機關槍對著他，他嚇得直擺手，那日本兵也擺擺手，意思讓他快走，他就從死屍堆裡走出來了。

可能還有一個。紅槍會的服裝是一身黑，一個生還者躲進我住的祠堂，求我救他。當時日本人開著快艇在河道轉，見到人就掃機關槍。日本人要上岸搜查，祠堂臨街，是躲不過的。

我說：「你待在這兒必死，翻牆吧，一直向北翻，北邊河面上沒日本人，過了河就安全了。」我教他做水褲：將棉褲脫下來，吹足氣，紮上褲腳就成了氣囊，可以浮著過河。也許他活下來了。

因我與父親鬧矛盾，唐師說他有個徒弟叫郭振聲，住在海邊，讓我去散散心，並給我一塊藥做見面憑證，這塊藥就是李存義傳下的「五行丹」⑥。我拿著藥到了渤海邊的大神堂村，然而郭振聲不在。

他是此地的請願警，戶籍、治安都是他一個人，當時有一家大戶被匪徒綁票，索要兩千大洋，郭振聲讓朋友湊了十八塊大洋，留了九塊給母親，一個人去捉匪徒了。

他在黑魚籽村的旅館裡空手奪槍，捉住了兩個劫匪。其中一個竟然是大土匪頭子劉黑七⑦，不遠就是他的老巢，郭振聲知道憑自己一個人，沒法將他押走，就把槍還給了劉黑七，說：「綁票我得帶走，你要不仗義，就給我一槍。」

劉黑七連忙說：「那我成甚麼了？」拉著郭振聲講：「你知道我以前甚麼人嗎？」

原來這劉黑七是天津有名的大飯莊——登瀛樓的少東家，因為打死了客人，才逃到海邊做了土匪。他向郭振聲保證，只要他活著，大神堂村再不會受土匪騷擾，還要給郭振聲三十塊大洋，郭振聲為不掃他面子，拿了兩塊。郭振聲之舉，保了大神堂村以及附近地區十餘年太平。

郭振聲帶著人票回來，全村人慶祝，我就跟著大吃大喝。那時我已經在大神堂村住了十多天，我把藥一拿出來，郭振聲就認了我這師弟，給了我五塊大洋。

從大神堂村回來後，唐師就帶我去北京找他的師兄尚雲祥。

尚雲祥年輕時求李存義指點，練了趟拳，李存義就笑了：「你練的是捱打的拳呀。」一比試，李存義沒用手，一個跨步就把尚雲祥跨倒了。尚雲祥要拜師，李存義說：「學，很容易，一會兒就學會了，能練下去就難了，你能練下去嗎？」尚雲祥說：「能。」李存義只傳了劈、崩二法。

隔了十一二年，李存義再來北京，一試尚雲祥功夫，感到很意外，說：「你練得純。」對別人說：「我撿了個寶。」從此正式教尚雲祥。

唐師與尚師交情深，每年到了季節，唐師都從寧河來京給尚師送螃蟹。尚師屬馬，家住觀音庵，以前是住尼姑的地方，當時已經沒尼姑了，住了幾家人，尚師家是東廂房三間，院子很小。

尚師早年是做帽子的，晚年生活來源的一部分是徒弟單廣欽的資助，單廣欽做水果、糕點生意，送錢時常說：「做我這生意的，現錢多。」單廣欽比我大三十歲。尚師開始不收我，唐師好話說盡。

我的姥爺叫王燮，是長門長子，在清末任左營游擊，官居五品，先守北京東直門後守永定門，八國聯軍進北京時因抵抗被殺害，他在北京市民中有聲譽。唐師把這情況也講了，尚師說：「噢，王大人的外孫子。」

尚師對我好奇，但他從來不問我家裡的事。清末民國的人，由於社會貧窮，大部分是文盲，尚師只是粗通文化，但他很有修養。

我進入尚門後，師兄們跟我說，在北京一座大廟（忘記名字）的院子裡有尚師年輕時踩裂的一片磚，因為廟裡沒錢換磚，這麼多年還在，要帶我去看看。尚師說：「去了也就是瞅個稀罕，有甚麼意思？」就沒讓我去。

天津沒有尚師的徒弟。我開始住在北京學拳，後來搬回天津，早晨出發，中午到了北京，吃完午飯後去尚師家，所以我跟尚師習武的近兩年時間裡，大部分是在中午學的。

尚師一天到晚總是那麼精神，沒有一絲疲勞或是稍微神志懈怠的時候。對於這一點，越跟他相處越覺得神奇。

孫祿堂⑧的《八卦拳學》上寫道：「……近於形神俱妙，與道合真之境矣。近日深得斯理者，吾友尚雲祥。其庶幾乎。」⑨說拳術可以練到形神俱妙、與道合真的境地，當時得此三昧的，除了他的朋友尚雲祥，找不出別人。

我們這一支的師祖是劉奇蘭（劉翡玉）⑩，他的師弟是郭雲深⑪。孫祿堂是郭雲深的傳人，他曾施展腿功，驚嚇了民國總理段祺瑞，被多家報紙報道，有盛名。

我曾想找國術館館長薛顛比武，被唐師、尚師制止了。後來唐師跟我說：「別比了，你跟他學吧。」聽了薛顛的事跡，我對這個人很佩服，覺得能跟他學東西也很好，唐師對尚師說：「我讓他去見見薛顛？」尚師也同意了。

去見薛顛前，唐師怕薛顛不教我，說：「見了薛顛，你就給他磕一個頭。」在武林規矩裡磕三個頭已經是大禮了，而磕一個頭比磕三個頭還大，因為三個頭是用腦門磕的，這一個頭是用腦頂磕的，「殺人不過頭點地」的「頭點地」指的就是這個，要磕得帶響，是武林裡最重的禮節。

我見了薛顛，一個頭磕下去，薛顛就教我了。薛顛非常愛面子，他高瘦、骨架大、眼睛大，一雙龍眼盼顧生神。他第一次就手把手教了蛇形、燕形、雞形⑫。

他是結合著古傳八打歌訣教的，蛇行是肩打，雞形是頭打，燕形是足打，不是李存義傳的，是他從山西學來的。其中的蛇行歌訣是「後手只在胯下藏」，後手要兜到臀後胯下，開始時，只有這樣才能練出肩打的勁。簡略一談，希望有讀者能體會。

薛顛管龍形叫「大形」，武林裡講薛顛「能把自己練沒了」，指的是他的猴形。他身法快，比武時照面一晃，就看不住他了，眼裡有他，但確定不了他的角度。這次一連教了幾天，我離去時，他送給我一本他寫的書，名《象形術》⑬，其中的晃法巧妙，他跟我試手，一晃就倒。回來後，尚師問：「薛顛教了你甚麼？」我都一一說了。

第二次見薛顛是在一九四六年的天津，我在他那裡練了一天武，他看了後沒指點，說：「走，跟我吃飯去。」吃飯時對我說：「我的東西你有了。」——這是我和薛顛的最後一面，薛顛沒有得善終，我對此十分難過。

我二十四歲時父親死了，我卻不能回家。二十五歲時，天津財政局局長李鵬圖叫我到財政局工作，也不給我安排事情做，只讓我陪他去看戲、吃飯，我一看這情況，等於做了保鏢。他也叫我「二先生」，其實他是我按照李家各房大排名算的三叔，他知道我練武。

我以前是個少爺，練武後穿著就不講究了。一天到捐物處去辦事，我戴個美國鴨舌帽，上下身都是灰布，上身還破了個洞，露著棉花。當時天津的捐警名聲不好，幹甚麼都是白拿白佔。捐物處門口是個斜坡，我蹬著自行車直接上去了，到崗亭，一個

李仲軒六十七歲時

李仲軒八十七歲時在自家門外

李仲軒八十九歲時在家門外留影

捐警一腳踹在我的自行車上，我摔倒後，他跑上來抽了我一個耳光，還罵：「打你個××，誰叫你上來的。」

我起來後，說：「你會打人，我也會打人。」拎住他抽了四個耳光，他就叫喚開了。捐物處有四十個捐警，平時總有二十個人在，一下都出來了。我考慮這場架怎麼打，我現在是財政局人員，如果打重了，財政局和捐物處都不好收場。形意拳有個練身法的訓練叫「轉七星」，我跟他們轉七星，手上像狗熊掰棒子似的，抓了帽子就往腋下一別。

我想：我能摘帽子，也能摘腦袋——只要他們想到這點，就會住手。但他們想不到，掉了帽子還追我。捐警小隊長拎著槍下來，看那架勢要崩了我，但他認出了我，就把那幫捐警轟跑了，對我說：「您沒在我們這兒打人，您給面子了。」我摘了十幾頂帽子，隨抓隨掉，還剩下四頂，就把這四頂帽子遞給了他。

捐物處處長叫齊體元，李鵬圖給他打了電話，說：「二先生沒打壞你們一個人，這是給你齊五爺維住了體面，你也得給二先生個體面吧？」齊體元說：「行，二先生還給我們四頂帽子，我們就開除四個捐警吧。」捐警外快多，被開除的四個人非常恨我。

這件事出在我身上，我覺得不自在，李鵬圖也看出我不願做保鏢。我喜歡武術，但我做不來武師，我開始絕口不提我練武了，後來到天津北站當了海運牙行稅的卡長，離開了財政局大樓，更是沒人知道我練武。

我三十出頭時，到宏順煤窯住過一段時間，礦工中有個五十多歲的通背拳⑭武師叫趙萬祥，能把石碑打得嗡嗡響，不是脆響，能打出這種聲音，通背的功夫是練到了家。

他帶著徒弟在煤窯門市部後的空場裡練，礦工們吃飯也多蹲在那吃，我有時出門能碰上。我從未表露過自己的武林身份，也不看他們練拳。他們都叫我李先生，非常客氣。我大半輩子都是旁觀者，這位趙拳師和我算是個擦肩而過的緣分。

只是在我大約三十七歲時，有一件武林糾紛找上了我。燕青拳名家張克功年老後，從東豐台遷到了盧台，收了幾個小徒弟，他是唐師的朋友。當地的大拳師是傅昌榮⑮的傳人王乃發，他的徒弟把張克功的匾給偷跑了。

唐師去世的時候，囑咐我照顧他的老朋友們，我就找王乃發要匾。王乃發說：「你來，我要給面子。你提唐師傅，我更得給面子。摘匾的事我不知道，但摘了匾再送回去，我也下不來台呀。」我說：「要不這樣——」我就給王乃發鞠了一躬，把匾取走了。

解放前夕，我來北京找到了會計師的工作，那時尚師早已逝世，當年舊景只能令人徒生感傷，無心與同門相敘，從此徹底與武林斷了關係。

註釋

①李存義（一八四七—一九二一），字忠元，清末深州（今深州市）南小營村人。二十歲時向劉奇蘭、郭雲深學形意拳，從董海川學八卦掌。光緒十六年（一八九〇），李存義在軍人劉坤一帳下教士兵練武，屢建功績。後到保定開萬通鏢局。八國聯軍侵華時，五十三歲的李存義參加義和團，奮勇殺敵，每戰必先。他曾率眾夜襲天津老龍頭火車站，痛殺守站俄兵。民國元年（一九一二），李存義在天津創辦北方最大的民間武術團體——中華武士會，親任會長，教授形意拳，創編十六路的《拳術教範》，編寫《刺殺拳譜》，教授門徒數百人。民國十年（一九二一），因病逝世，安葬於南小營村，終年七十四歲。

②張子蘭（一八六五—一九三八），又名張占魁，字兆東，生於河北省河間縣後鴻雁村。一八七七年結識李存義，並義結金蘭。經李推薦拜師於劉奇蘭門下。光緒七年（一八八一），在京結交八卦掌宗師董海川的弟子程廷華。一八八二年冬，董海川去世，張子蘭墳前遞帖，程廷華代師傳藝。藝成後，武林名號為「閃電手」。一九〇〇年後，在天津擔任縣衙捉拿匪徒的營務處頭領。一九一一年，參與創建天津中華武士會，並執教。一九一八年九月，攜弟子韓慕俠進京，參加在中山公園舉行的「萬國賽武大會」，韓慕俠挫敗俄國大力士康泰爾，轟動全國。

③張鴻慶（一八七五—一九六〇），曾用名張庚辰，天津寧河潘莊人，二十多歲時到天津劉快莊跟隨劉雲濟學習洪拳。曾隨李存義學習形意拳，後被張子蘭收為正式弟子。

④張景富以炸油條為生，是曾任清宮武術教習的申萬林的弟子。一次，族人來找申萬林要錢修老屋，在申萬林不知的情況下，張景富拿出了所有積蓄，為申萬林家族蓋了三間青堂瓦房。此舉感動了申萬林，遂將醫藥秘本傳給張景富。

⑤ 紅槍會是二十世紀二十年代中期活躍在冀南一帶的農村會道門，後發展為幾十萬人的武裝組織。

⑥ 五行丹是形意門秘傳丹方，在提高內功修為上有特殊作用，但製作困難，一般煉成藥膏，用於外敷，也是形意門嫡傳弟子的身份證明。

⑦ 劉黑七從一九一五年起聚眾作惡，為害二十九年之久。匪眾最多時逾萬人，流竄於山東、河北、熱河、遼寧、安徽等十餘省市，所到之處，搶劫財物，殺人如麻，官府軍閥奈何不得。山東是劉黑七為禍的重災區。

⑧ 孫祿堂（一八六〇——一九三三），名福全，字祿堂，號涵齋，武林名號「活猴」。完縣東任家疃人。形意拳從學於李魁元，八卦掌從學於程廷華，太極拳從學於郝為真。一九一八年孫祿堂將形意、八卦、太極三家合冶一爐，創立了孫氏太極拳。同年被徐世昌聘入總統府，任武宣官。有「虎頭少保，天下第一手」的美譽。

孫祿堂晚年著書立說，留有《拳意述真》、《八卦拳學》等拳論，並曾擊敗俄國格鬥家彼得洛夫、日本天皇欽命武士板垣一雄。

⑨ 《八卦拳學》這一章節名為「陽火陰符形式」，全文如下：

陽火陰符之理（即拳中之明勁暗勁也），始終兩段功夫。一進陽火（拳中之明勁也）一運陰符（即拳中之暗勁也），進陽火者，陰中返陽，進其剛健之德，所以復先天也；運陰符者，陽中用陰，運其柔順之德，所以養先天也。

進陽火，必進至於六陽純全，剛健之至，方是陽炎之功盡（拳中明勁中正之至也）；運陰符，必運至於六陰純全，柔順之至，方是陰符之功畢（拳中暗和之至也）。陽火陰符，功力俱到，剛柔相當，建順兼全，陽中有陰，陰中有陽，陰陽一氣，渾然天理，圓陀陀（氣無缺也），光灼灼（神氣足也），淨倮倮（無雜氣也），赤灑灑（氣無拘也），聖胎完成，一粒金丹寶珠懸於太虛空中，寂然不動，感而遂通；感而遂通，寂然不動；常應常靜，常靜常應。

本良知良能面目復還先天，一粒金丹吞入腹，始知我命不由天也，再加向上功夫，煉神還虛，打破虛空脫出真身，永久不壞，所謂聖而不可知之謂神，近於形神俱妙，與道合真之境矣。近日深得斯理者，吾友尚雲祥。其庶幾乎。

⑩ 劉奇蘭，直隸深縣人，「神拳」李洛能弟子。藝成後隱居，做首飾生意，所以又被稱為劉翡玉，教授出李存義、耿誠信、周明泰等知名弟子，其子劉殿琛著《形意拳術抉微》，闡明劉奇蘭武學。

⑪ 郭雲深（一八二〇—一九〇一），名峪生，河北深縣馬莊人，「神拳」李洛能弟子，在武林有「半步崩拳打遍天下」的美譽。一八七七年，被六陵總管譚崇傑聘為府內武師，進而為清廷皇室載純、載廉等人的武術教師。晚年著書立說，留有《解說形意拳經》。孫祿堂是郭雲深的徒孫，並得到了郭雲深的親自指導。

⑫ 形意拳五行和十二形為基本拳法，五行對應金、木、水、火、土，為劈、崩、鑽、炮、橫五拳；十二形對應動物，為龍、虎、猴、馬、雞、鷂、燕、蛇、鼉、鮐、鷹、熊。

⑬ 正式出版書名為《象形拳法真詮》，口述人在後文中往往也稱這本書為《象形術》。

⑭ 戰國時代鬼谷子於雲蒙山中觀察通臂猿動作所創，以衣服練功，講究手掌黏著衣服發勁，練時黏自己衣服發勁出響，用時黏敵人衣服發勁。在演練中啪啪見響，每一聲響，都與技擊有關。所以通背拳不許光膀子練，必須穿衣，通背拳不出響，猶如行船沒有槳。

⑮ 傅昌榮（一八八五—一九五六），又名傅劍秋，河北寧河人。一九〇八年前後，投身形意拳大師李存義、八卦掌名家劉鳳春門下，藝成後出任張作霖私人護衛隊長。一九二七年走訪武當山，與徐本善道長互換拳術。

第二編

唐門憶舊

唐維祿（一八六八—一九四四）

天津寧河人，李存義弟子，武林名號為「北霸天」，與孫式太極拳創始人孫祿堂並稱「二祿」。拜師時已到中年，是以超人毅力突破年齡局限，成就武功的特例。後退隱鄉間，黯助天津國術館事務，盡心授徒，致力於行意拳在河北民間的普及。

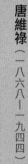

丈夫立身當如此

唐師維祿喜歡穿白馬褂，那天他拿了碗醬麵，一邊吃一邊給我們講拳。我們幾個徒弟都很調皮，一擁而上撞他，想用他手裡的醬麵弄髒他的白馬褂。他不用手也不用腳，走了一圈，把我們都撂倒了。

他說這是形意拳的肩打、胯打、臀打[1]。這種打法就是一蹭，而不是像出拳似的打出去，擺胯、凸肩、甩屁股是很難看的，這種近身打法是要蜻蜓點水一般，一閃一閃的。

一天，唐師被一輛大馬車攔住。馬車夫是練拳人，車欄上有一個鐵環，馬車夫用胳膊在鐵環上撞了一下，鐵環就歪了。他問：「唐師傅，您能再把鐵環撞回去嗎？」

唐師說：「你的胳膊比鐵環硬，我就不撞鐵環撞你的胳膊吧！」一撞，車夫連連叫疼，瞅著唐師的胳膊發呆。唐維祿說：「你胳膊撞過來時，我的胳膊擰了一下，說是咱倆撞胳膊，其實是我打你的胳膊。」

後來唐師又跟弟子們講，這一擰不但要在胳膊上，還要在全身，擰來擰去，就會發力了。形意拳發力不是直的。

唐師傳我拳是按古法，規矩非常大，一定要在四面有牆的院子裡，不准被第三雙眼看到，而且要在夜裡練，除了保密，也為養眼神。我想只有母親家（王家）的祠堂合適，就約了唐師住在祠堂，有時唐師別的徒弟也來，祠堂裡會很熱鬧。

我也是在這兒結下了生死之交——師弟丁志濤。他食量過人，我叫他「飯桶」。我太不像練武的了，而他是太像了，高個怒眼，氣勢撼人，一天到晚捺不住跟人比武的癮。

但他是個性情中人，待我很真誠。我就和他拜了把兄弟。我推掉了別人給我說合的一門親，與丁師弟的妹妹結婚了。他性格偏激，後來發生變故而死。

我父親有名士派頭，愛組織一幫文人去遊山玩水，在南京、上海一待就很久，很少在家。他有一次回家，見到祠堂裡生人很多，就拉下了臉色，唐師以後就不再來了。

因為我習武，父子倆矛盾很大，有一陣兒甚至弄得很僵。文人的脾氣就是這樣，一發作起來非常絕情。我在寧河待不下去，唐師認為禍從他起，就將我送到北京跟尚雲祥學拳，也算有了落腳處。

因為與尚師年歲相差過大，尚師開始是不收我的，說：「老師傅，小徒弟，以後給人當祖宗呀！」唐師一個勁兒地說：「讀書人的孩子，不錯。」然後把我的情況講了一遍，尚雲祥覺得我有點血性，就收下了我，很快地舉行了拜師儀式，讓我立下「學成後不收徒」的誓言。

後來我有機會做官，唐師不准，說：「按照古代的規矩，練武之人要有了官府的身份，就不能再入武林了。」

有一句「練功不練拳」的話，認為功是站樁②，拳是打拳，「練功不練拳」就是只站樁不打拳——這是初學者容易產生的誤解。站樁的要點是「學蟲子」，冬天蟲子鑽進地裡死了一般，等到了春季，土裡生機一起，蟲子就又活了。站樁有無窮益處，是練功。其實打拳也是練功，形意拳要「練精化氣，練氣化神，練神還虛」，氣不是呼吸的氣，比如男人的英姿瀟灑、女人的嫵媚靚麗，就是氣的作用，正所謂生機勃勃。至於呼吸的氣，叫做「息」，劈拳就是練息（不說打法，只談練拳的練法）。

開始練劈拳，要找個開闊地帶，猶如人登上高山，視野一開，會禁不住地長呼一口氣。在開闊地帶，氣息容易放開。

劈拳的姿勢是手的一探一回，猶如人的一呼一吸。一趟四五百米地打下去，氣息越來越綿長，越來越深遠，精力便充沛了。

手部動作激發了全身，漸漸就會感到氣息鼓蕩，全身毛孔開合。薛顛說過：「練拳的人要學會體呼吸」，體呼吸的妙處在打劈拳時可以體會到。

許多人身體都有隱疾，劈拳練息可以將其滅於無形。而且人一上了歲數，身體會虧空，就要通過練息將氣補足。

氣息充沛，這是習武的基礎，所以形意先練劈拳。劈拳中本就含有鑽拳的姿勢，練好劈拳接著練鑽拳較容易，正是「金生水」③，劈拳屬金，鑽拳屬水。而再學一個全新的拳架，如崩拳就比較困難。

劈拳養肺，人的兩條胳膊對肺有直接作用。小孩們做的廣播體操，如擴胸運動、伸展運動都是通過運動兩條胳膊，來達到鍛煉呼吸、強健肺部的效果。

而人的兩條腿屬於腎。一個人得了陽痿病，會被叫做「腎水不足」。鑽拳以打法來說，是要練肘或指節的，但以練法來說，是要練腿，以活腿來養腎。

所以鑽拳的步伐不是直來直去，而是螺旋前進。讓兩條腿有一個鬆快的餘地，這樣肺氣足、腎水旺，上下身都修好，方可以向上進修。所以鑽拳要接著劈拳練。

在練劈拳的階段，都會遇到這樣的情況，覺得身上皮膚增厚，像大象皮似的，而且覺得手指粗得像胡蘿蔔，兩個手心像兩個小旋渦，十根手指自發地緊緊握起，不願意打開……這都是錯覺，因為身上的氣充足了，情緒也變得活躍，忙了這個忙那個，像小孩一樣幹甚麼都興致盎然。這是一個必經的階段，發現自己變成這樣了，就說明功夫已上路了。

此時就不必再到開闊地去練拳了。形意拳自古講究「拳打臥牛之地」，有個能挪步的地方就練上了，到開闊地打拳只是入門的方便之法。

我們的形意拳是李存義傳下的，宗旨是要保家衛國，不是招搖生事。唐師說：「你兇，我屃（害怕，窩囊），你屃，我比你還屃——這才是我的徒弟。」

勇氣和本領要報效國家，對於私人恩怨，擺出一副窩窩囊囊的樣子最好了。練劈拳的時候，不准在人多的地方，不准佔別人的地方。遇到有人生事，不准動手比武，要學會以理服人、以德服人，要留著時間習武，不要捲入是非中，虛耗了光陰。

因為劈拳練息這個功夫得一年才能成就，先去病再強身。通過練息，身上的氣養起來，大腦時常會有靈感，此時學拳就真是趣味無窮了。

水處卑下，往下流，所以練成鑽拳後，人的性格會變得沉穩謙和，皮膚質地都會

李存義（一八四七—一九二一）

改善，聲音非常悅耳，心思也會變得很縝密。以前老輩拳師不識字，可氣質高雅，很有涵養，因為形意拳是內家拳，不但改造人體還改造心志。

拳法裡出功夫的都是基本功，要吃苦。做人最基本的是「誠信、謙和」，要忍耐。「老要癲狂，少要穩」，老年人死盯著規矩，小輩人就很難做了，所以老人要豁達點、隨便點，小輩人可一定要守禮儀，如此才能和睦，才能延續傳承。

人品與拳法是相輔相成的④。唐師改變了我的命運，這麼多年過去，只能寫點文章來報答這份師恩了。

註釋

① 形意拳有七拳十四處打法，歌訣如下：

頭打落意隨腳走，起而未起佔中央，腳批中門搶地位，就是神仙也難防；

肩打一陰反一陽，兩手只在洞裡藏，左右全憑蓋世力，束展二字一命亡；

肘打去意佔胸膛，出勢好似虎撲羊，或在袖膀一旁走，後手只在肋下藏；

拳打三節不見形，如見形影不為能。能在一思進，莫在一思存；能在一氣先，莫在一氣後。

胯打中節並交聯，陰陽相合必自然，外胯好似魚打挺，內胯搶步復勢難；
臀尾起落不見形，猛虎坐窩在洞中；背尾全憑精靈氣，起落二字自分明。
膝打幾處人不見，好似猛虎出木籠，和身輾轉不停勢，左右分撥任意行；
走打批意不落空，消息全憑後腳蹬，與中較手元虛備，去意如同颳地風；
腳打七分手打三，五行四梢要俱全，氣伏心意隨時用，硬打硬進無遮攔，起無形，落無蹤，起為蟄龍登天，落為霹靂擊地。
肋腹打法意要隆，好似彎弓一力精，丹田久練靈根本，內外合一見奇功。
以上至下，可左可右，十四處打法，俱不脫丹田之精。丹田久練是根本，五行合一顯奇能。
一拳百變，七拳緊相連，如林中射鳥，鳥應弦而落；草中擊蛇，蛇死槍響。往哪裡提防，哪裡封閉。

② 維持一個姿勢大體不動，靜中求動的練功方法。形意拳主要樁法有渾圓樁、三體式、降龍樁、伏虎樁。

③ 形意拳沿襲春秋時代的五行相生相剋哲理。五行相生之道為金生水、水生木、木生火、火生土、土生金；五行相剋之道為金剋木、木剋土、土剋水、水剋火、火剋金。
五行對應內臟，肺屬金，肝屬木，腎屬水，心屬火，脾屬土；五行對應五官，鼻通肺，目通肝，耳通腎，舌通心，人中通脾；五行對應拳法，劈拳屬金，崩拳屬木，鑽拳屬水，炮拳屬火，橫拳屬土。
形意拳以相生之理，強身祛病；以相剋之理，技擊應用。
由相生之理，故橫拳能生劈拳，劈拳能生鑽拳，鑽拳能生崩拳，崩拳能生炮拳，炮拳能生橫拳。如萬物生於土，故橫拳能生各拳。
由相剋之理，故劈拳能剋崩拳，崩拳能剋橫拳，橫拳能剋鑽拳，鑽拳能剋炮拳，炮拳能剋劈拳也。

④ 李存義論拳中人品：
夫習拳藝者，對己者十之七八；對人者，僅十之二三耳。拳藝之道，深無止境。得其淺者，一人敵；得其深者，何嘗不萬人敵耶！習拳固宜虛心、謙謹，非多歷年所熟復而無間斷，未足以致極境。能致極境

者，一由於虛習，一由於恆心，設輒作輒止，安能望其深造耶！

練形意者勿求速效，勿生厭煩之心，務要有恆，作為自己一生始終修身之功課，不管效驗不效驗，如此練去，功夫自然而成。

余練習拳學，終身未嘗有意一次用詐勝人，皆以實在功夫也。若以詐勝人，彼未必肯心服也，詐心有何益哉？與人相交總是光明正大，不能藏心，或是勝人或是敗人，心中自然明曉，皆能於道理有益也。被人所敗亦不能用詐心也。余所以練拳一生，總是以道服人也。以上諸先師常言，亦是余一生經驗之事也，以後學者切記，雖然不用詐，不可不防詐，與人較量總要慎之、慎之。

乃知兵者是兇器

唐傳形意拳嚴守古法，保留了傳統中的幾項雜技，名為雜技，因為是打人冷不防的技巧，比如擒拿。

在唐傳形意拳中，用手去拿人，叫大小纏絲；用胳膊去拿人，叫野馬分鬃；用身子去拿人，叫懶驢臥道。用整個身體去拿人，是形意拳的特點，十拿九穩。

俗語講，「好拿不如賴打」，意為擒拿練得再好，也抵不住一頓亂打，但形意拳的擒拿是連拿再磕。我的師弟丁志濤是殺豬的屠夫，一天唐師帶我去找他，他正幹活，將豬脊骨在案板上一磕就軟了，骨節散開。唐師拍拍我說：「咱們的擒拿就是這個。」

丁師弟領悟得比我快，一下就明白了。我請唐師解釋，唐師說：「拿是死的，磕是活的。沒有拿，只有磕。」表示學擒拿的關鍵是學會後續手段，並示範了手法，立下規定，因擒拿易造成傷殘，嚴禁我們用。

我家中一位親戚逝世，葬禮是大場面，辦完後我帶幾個師兄弟去幫忙收拾。我們一幹活，把我家人嚇壞了。一椿大喪幡，兩三下就拆倒了，寧河縣都在傳這事，唐師聽到，握著我們的指頭說，學會了擒拿，不要用來幹活，否則養成習慣，伸手就是這個，早晚要傷到你們親人。

舊時代的拳師收徒弟學孔子。孔子有子貢幫他結交官府，有顏回幫他傳學問，有子路幫他管人，門庭中有三個這樣的人，必然會興盛。

從《論語》中可以看出，別人提問，孔子會耐心解釋，子路提問，孔子一句話就馴服得他五體投地，這是在訓練他一言以服眾的能力，去管理其他徒弟。教師教育方法的不同，也是這個徒弟用處的不同。

子曰：吾門有由也，惡言不入於耳。① 就是說：我徒弟裡有子路，別人就不敢說我壞話了。

我師弟丁志濤是個極力維護唐師尊嚴的人，有人對唐師不敬，他是可以拚命的，那年寧河來了個戲班，戲班的武生可以從桌子上一個跟頭倒翻下來。他聽說寧河有個唐維祿，便說了些貶損唐師的話，自誇了一番。

丁志濤聽到後，要找那武生比武，我勸告他：「吃江湖飯的不容易。」不讓他去，但必須得讓這武生收口。

我找了件舊棉襖，用草繩在腰上一繫，戴著頂破草帽去了。這身打扮就是個乞丐，到戲園門口給攔住了，我家祖籍南京，在寧河被稱為「老實李」，是此地大家，我常去聽戲。看門人一看我臉，就叫了：「您今兒怎麼這打扮？」

我也不回答，交了錢進去，坐在第一排。戲開演後，那武生在台上總走神，不斷瞟我。戲演完後，我也不走，一直坐著。過一會兒，武生就從後台出來，一個勁兒地說唐師的好話，還表示要請客。可能是戲園看門人告訴他我是唐維祿的徒弟了。

我在家排行老二，這件事後，就有人喊我二爺了，其實當時還是十六七歲的毛孩子，也正因為年輕，才會這麼辦事。戲園看門人後來還找過我一次，說有一幫小孩紮棉襖戴草帽去聽戲，不交錢，他們以為是我派去的，沒敢攔。我大笑，說：「與我無關。」寧河的孩子鬼機靈。

唐師對我的做法很不滿意，當武生來請客賠禮時，唐師反而請了他。唐師說那天戲班的人要真拿我當乞丐，我會吃虧的，因為我只會練拳，還沒學打法。

唐師講，形意拳練法②和打法③迥然不同。比如，練法要以身推肩，以肩推肘，以肘推手，直至練到川流不息的程度。而打法則先要將手像鞭子一樣地甩出去，再以肘追手，以肩追肘，以身追肩。說到這裡唐師兩手拍了一巴掌，很響，說用身子拍手，就是打法了。

形意拳古譜上有「打法定要先上身」④的話，說比武之前，先要練身子拍手的技巧，將渾身的勁改了，否則比武時光有功夫，沒有速度，不乾脆，必敗。但身上沒有功夫，就妄自練打法，會震傷關節和後腦，所以習拳之初是「打法定勿先上身」。

以劈拳為例，劈拳的練法是「劈拳如推山」，身上由後向前，一分一分地緩緩而推，推得越吃力越好，如此能長功夫；而劈拳的打法是劈拳如掄斧⑤，山民掄斧頭劈柴，跟掄鞭子一樣，要個脆勁，否則斧頭就只能砍進木頭裡，無法一下劈成兩半。

李存義在寧河的徒弟，有唐維祿，有果子張，還有位經常路過寧河的人（忘記了名字）。他是位捉通緝犯的警察，獨往獨來，捕著犯人，自己一個人押解。

一次犯人搶他腰裡的槍，都抓到手了，他在犯人腦門上抽了一巴掌，犯人握著槍傻呆呆地坐在了地上，一連幾天都迷迷糊糊，可能被震成了腦震蕩。這是打法，在間不容髮的一瞬，以快取勝。

一次在煙台，這位師叔的手掌在捉犯人時受了傷，醫院說得將大拇指切除。他知道李存義把藥方傳給了唐維祿，便託人帶話說，只有師傅的藥能救我，唐師配好藥讓我給他送去。

我走到煙台，遠遠看見一個人跟我打招呼，原來是這位師叔的徒弟。他對我說，我一看就知道是你，咱們是同門，走路姿勢都一樣。這位師叔的手掌的傷就慢慢好了。

後來在押解途中，他中了劫犯人的匪徒的亂槍而死。這位師叔打法精湛，他應該還有傳人在世，希望形意拳的這一脈能夠延續。

註釋

① 《曹繼武十法摘要》寫道：聞子不語力，固尚德不尚力意之也。然夾谷之條必用司馬。且曰「吾門有由，惡言不入於耳」，是武力誠不可少矣。

② 形意練法有正、奇八字功，正八字是勁訣，奇八字是招訣。

正八字：

展：展者，寬之意，即拓張手足也。

截：截者，裁也，以裁退敵手也，此節最見身法。

裹：裹者，圍裹也，裹敵手使失其盜用也，身旋而力柔，有以柔克剛之妙。

跨：跨如跨馬之勢，是言其形也，實則託跨成勢。

挑：挑之力在肩與腿，與蛇形相類而手稍高。
頂：頂之力在頭，故此以挺頭垂肩為好。
雲：《說文》「雲，從雨雲，像雲回轉之形。」今所用者，即藉其回轉之意，其兩掌皆如行雲之飄忽焉。
領：領者，受也，順勢而領取也。

奇八字：
斬：左右劈掛斬加翻，上步虎撲加頭鑽。
截：擒拿肘中臂截肩，一陰一陽左右換。
裹：裹肘刮地加肘錘，肘打去意在腰間。
跨：肩肘打意緊相連，左挑右肘莫等閒。
挑：刮腿之中挑向前，再加膝頂是真傳。
頂：白鶴亮翅左右反，裹挑之中肘相連。
雲：上鵠下刮手腳連，兩衝變馬拳上添。
領：左右領手陰陽換，上鑽下打俱用拳。

奇八字連環訣：
起手鷹捉是真傳，鈎掛之中把敵斬。上步橫肘是截意，退步裹肘原是三。肘膀雙行側意猛，金雞上架挑意翻。白鶴亮翅換步頂，雲領式中腿相連。

③ 李存義提煉的打法歌訣：
手打七分腳打三，五行四梢要齊全；膽上如風響，起落如箭鑽，氣連心意隨時作，硬打硬進無遮攔，蟄龍起水雷先動，風吹大樹百枝搖；內實精神，外示安逸；打法定要先上身，手腳齊到方為真；內要提，外要齊，起要橫，落要順，氣要催，遇敵好似火燒身；去意猶如捲地風，追風趕月不見跡。

④ 此句在李存義傳的拳法歌訣中居於首位，如下：
一、打法定要先上身，腳手齊到方為真，拳如炮形龍折身，遇敵好似火燒身。

二、頭打去意佔中堂，兩手外撥人難擋，腳踩中門搶地位，就是神仙也難防。
三、肩打一陰反一陽，兩手只在洞中藏，左右全憑蓋勢取，束展二字一命亡。
四、手打起意衝胸膛，其勢好比虎捕羊，站實用力須展放，兩肘只在肋下藏。
五、胯打中節並相連，陰陽相合得之難，外胯好似魚打挺，裡胯上步變式還。
六、膝打幾處人不明，好似猛虎出了籠，渾身轉動不停勢，左右明撥任意行。
七、肘打三節不見形，用法全憑蛇出洞，拳打三節亦如此，連續使用莫要停。
八、腳打踩意不落空，消息全憑後腳蹬，蓄意須防被敵覺，起式好似颭地風。

⑤ 五行拳歌訣：

劈拳之形似斧，崩拳之形似箭，鑽拳之形似錐，炮拳之形似炮，橫拳之形似檁。
劈拳：雙榻雙鑽氣相連，起吸落呼莫等閒。易骨易筋加洗髓，腳踩手劈一氣傳；
鑽拳：鑽拳原是地反天，上下同打是真傳。左右相同隨意變，收吸發呼勁合丹；
崩拳：崩拳屬木疾似箭，發動全憑一寸丹。跟順變化隨法用，轉身提足把樹攀；
炮拳：炮拳先走虎跳澗，兩劈下裹如搜山。鑽崩之中加化打，提肛實腹水火關；
橫拳：橫拳出手似鐵檁，橫中有直橫中藏。左右穿裹應合意，收勢退橫勁宜剛。

五台雨雪恨難消

唐傳形意指的是唐維祿的拳法。唐師綽號「唐小猴」，孫祿堂綽號「孫猴子」，是說兩人皆有翻牆越脊之能，兩人並稱為「二祿」，諧音為「二鹿」，是說兩人皆有夜行三四百里的腳力。

唐師來京，為了避免施展腿功驚擾了路人，都是在寧河睡到一更天再動身，天亮時便到了北京，途中還要偷越過幾道關卡。

李存義給唐維祿起名為「唐劍勳」，取建立功勳之意，賞識的是唐師的技擊天賦。並不是善走便可以和孫祿堂齊名，當時的人都知道唐師的打法厲害。

唐師總是懶洋洋的，拿著個茶壺一溜達能溜達一天，但他是說比武便比武，非常果敢。他曾擊敗過一位開宗立派的名家，卻不許我們宣揚，這是唐師的武德。他是甘於平淡的人，也正因此，唐傳形意更多地保持著李存義的原味。李存義的拳法是天津

孫祿堂(一八六〇—一九三三)

國術館[1]的代表，有史學興趣的讀者可從唐傳形意中考證。

李存義出過一本拳論，開章言：「克敵制勝，唯形意拳獨擅其長。」接受記者採訪時，又說：「武術者，強身健體，國術者，保家衛國，可稱國術者，形意拳。」

這一下引起了誤會，以為他要將「國術」二字劃歸形意拳所有[2]。眾人找來比武時說：「李先生，您看我這是武術還是國術？」來比武，李存義便接，因為解釋也沒用，舊時代的武林就是這樣，稍有不慎便騎虎難下。

李存義一生高風亮節，不料晚年陷入無謂的糾紛中，所幸沒有失敗，保住了名譽，但一個人上了歲數還要天天比武，想起來也是很大的煩惱。

至於李存義所言形意拳的「獨擅其長」是甚麼？老拳譜上有答案：「世之練藝者，必目有所見而能有所作為，故白晝遇敵尚能僥倖取勝，若黑夜猝遇仇敵，目不能視，將何以應之？唯形意拳，處黑夜間，隨感而發，有觸必應。」[3]形意拳的精要，不是練視力、聽力，而是練這份感應。

在尚雲祥門下的師兄單廣欽告訴我，尚師睡覺的時候，在他身邊說話、走動都沒事，可只要一把注意力放在他身上，尚師便挺身醒了。聽著神奇，但練形意拳日子久了，一定會出現這一效果。

形為所有外在，意為所有內在，形意拳就是「練一切」，一切都知道。《形意五行拳圖說》④上便沿襲了尚師這一說法，講的是敏感，而且這個「有觸必應、隨感而發」還是「並不知其何以然」，是自發性的。

唐師一次給徒弟講拳，心中思索著甚麼，處於失神的狀態。而這徒弟想試唐師的功夫，突然一拳打來。唐師胡亂一撥弄便將他按趴下了，自己還是恍恍惚惚的。這徒弟從地上爬起來，非常高興，覺得試出了唐師的真功夫。

唐師卻從此不教他了，對外說：「某某已經超過我啦。」其實，便是將他逐出師門了。師徒間要坦誠相見，當傾心相授時，卻還抱著「偷學點甚麼」的心態，這種人是不堪傳授的，否則有了武功將做下不可收拾的事，反而是害了他。

此人在唐師逝世後，仍自稱是唐師弟子，時過境遷，小輩人無法為老輩人負責，為避免其傳人尷尬，特將此人名字隱去。

形意拳也叫行意拳。我們的師祖是劉奇蘭，功夫出在兩條腿上，以身法著稱，被讚為「龍形搜骨」⑤。龍，就是一條大身子，這一支的後人李存義、尚雲祥、唐維祿、薛顛均以腿功身法著稱。跟李存義比武不要有後退迴旋的打算，只要一退，立刻被追上打倒，退無可退。

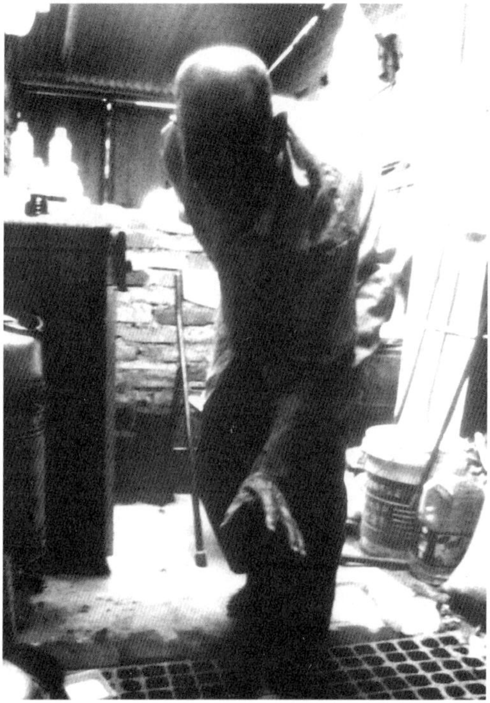

龍形搜骨

腿功是站樁站出來的，也是走出來的，唐維祿的徒弟尤其要走。早晨起來一走便是十里，兩手背後，活動著脊椎，或帶著點拳意。我們有時將「行意拳」的「意」字省去，順口地說，跟唐師學「行拳」。

唐師獨到的兵器是判官筆，在形意門中，判官筆就是雙槍，有一條胳膊長，槍頭是圓的，練嫻熟後再縮成一條小臂的長度。我特意打造了一對銅的，也不用點穴了，這種分量，不管捅在哪兒，人都得趴下。

雙槍的技巧性比雙刀要高，《說唐》《說岳》評書中打得瓦崗山、岳家軍高掛免戰牌的人，用的都是雙槍。受這些評書影響，我當年練雙槍的熱情很高。

唐師一次來京，見我在耍判官筆，一下就火了，說：「要跟他（尚雲祥）學劍呀！學得到尚雲祥的拳，學不到尚雲祥的劍，就等於白來了北京。」

唐師還講，人使用棍子是天生的本事，甚麼人拎著棍子都能去打架，而讓他手裡握把劍，便手足無措了，由此可見劍法的特殊。

我在尚門中名「李藝俠」，這是按照劉奇蘭師祖定下的輩分字號所起的名字，比我晚一代的是「志」字輩。在尚門中學劍是隆重的事情，每天早晨起來要向劍磕頭，名為「拜劍」。劍柄便代表老師，所謂「劍在如師在」。

握劍時小指要虛鈎，也算是對老師的一種禮儀。其實有內在道理，小指連通雙目，小指緊張會傷目，有的人練形意拳後視力下降，就是握拳時小指太用力了，所謂「練形意拳招邪」的說法是無稽之談，只是習者未得詳細傳授，妄自操習，違反了生理。

唐傳形意與燕青門⑥交好，這個情誼是李存義定下的。有一位燕青門前輩，是李存義生前好友（隱去其名），會鐵襠功，愛在洗澡時表演，結果在澡堂子裡招惹了一夥玩彈弓的人找他麻煩。他傳來口訊要唐師援手，這也是他年老無徒弟的悲哀。

唐師為了鍛煉我，要我去解決。因為要對付彈弓，我就將判官筆裹進包袱，一背上就去了。由於包袱重，在路上還遇上三個小強盜，我說：「裡面都是金條，咱們到樹林裡分吧。」

他們很詫異，但還是跟我進了樹林。我一拿出判官筆，他們就掉頭跑了，可能以為我要殺人。這都是年輕時做的調皮事。

唐師的名號在當時很有威懾，我約那幾個玩彈弓的一談，就解決了此事。開始他們欺我年輕，談起來沒完沒了，我拍了桌子，還把茶壺砸了，他們就立刻表示不再鬧了，骨子裡是怕唐師的。

去之前唐師囑咐我：「不要動手，要講理。」但他們講理就不會欺負老人了，跟他們講理是講不通的。

我在這位燕青門前輩家宿了一夜，他很善聊，說著說著便談到了薛顛。他說薛顛是李存義晚年的得意之徒，不料卻敗在了師兄傅昌榮之手——倆人在一家酒樓上驟然交手，薛顛被一記「回身掌」⑦打下樓去，一摔在地上便站了起來，甚麼話都沒說就走了，一走就沒了去向。

李存義逝世時，他生前的友人來弔孝，遠道來的會多住上三五天，在國術館學員的請求下，會在晚飯後表演功夫，其中一個身量極高的人身法快如鬼魅，將所有的人都鎮住了。

他自稱是李存義弟子，國術館學員說：「師傅沒教過這個。」他說：「我是薛顛。」然後當眾宣佈了向傅昌榮的挑戰。

這種公然挑戰，傅昌榮必須得接，否則便損了名聲，但傅昌榮的友人看出了薛顛要以性命相搏，便將傅昌榮看住了（好像是八個人不讓傅昌榮出屋子），然後去北京請尚雲祥出面。

尚雲祥以大師兄的身份對薛、傅二人說：「你倆都是形意門中難得的人才，不要兩虎相爭。」然後與諸方協調，讓薛顛當上了國術館館長。

我回來後，將這聽聞對唐師講了，唐師說，薛顛與傅昌榮原本交好，倆人借宿在關東營口的一家糧店，臨睡前試了試手，傅昌榮突然發力，把薛顛摔了出去，窗框都撞裂了，薛顛深以為恥，便走了。

他躲進五台山獨自練武，終於有了特殊的領悟。他向傅挑戰後，不是有中間人去找的尚雲祥，而是傅昌榮自己去的。薛顛的武功達到「神變」的程度，傅昌榮也一直在長功夫，繞著臉盆走一圈，臉盆裡的水就旋起來，簡直匪夷所思。其實他邁步看似極輕卻極重，腳一落地便將臉盆裡的水震蕩起來。

這份腿功已是「舉重若輕」的境界，一邁步便能傷人，薛、傅的比武，真會必有一傷的。⑧

我年輕的時代正當薛顛名聲鼎盛，是絕對的大人物。隨尚雲祥習武後，我覺得功夫有了長進，當時薛顛在天津，便想去找他比武。

我把這一想法跟尚師說了，尚師沒有表態，但過了幾天，唐師便從寧河趕到了北京，將我訓了一頓，說薛顛平時像個教書先生，可臉一沉，動起手來如妖似魔，是給形意門撐門面的大天才。

唐師訓我時，尚師是迴避在屋裡的。院子中擺著南瓜。唐師用腳鈎過一個，說：「南瓜是死的，人是活的。你有多大力，也打不上薛顛的身。」

我後來在唐師的介紹下，拜薛顛為師。他的五官、身材皆為貴相，的確是練武人中的龍鳳，所以知道他的死訊時，我非常震驚，他原本不該是那樣的結局。

註釋

① 一九一二年設立的中華武士會天津分會（也稱天津中華武術會），是民初天津官方倡辦的首個武術組織，改變了口授身傳的傳統模式，李存義為總教習，禁衛軍統領馮國璋為發起人之一。一九二七年，國民政府委員張之江發起，馮玉祥、于右任、蔡元培等人呼籲，於南京創立了國術研究館，稱「國術館組設，原本救國之熱誠，以期強種強國，而循至於民眾均國術化」。一九二八年更名為中央國術館，它是民國時期主管國術的中央行政機構。省、市、縣級國術館（分館、支館）紛紛新設，館長不乏由市長、縣長兼任者。天津市國術館的二十三個分館中，至少有五個設在大經路附近。李存義生前主管的武士會也以國術館形式留存下來，地址在河北公園內。薛顛後來接管的便是這所武館。

② 民國之初，武術便有國術之稱，至一九二八年，中央國術館正式將武術定名為國術，此後迎來中華武術界的「黃金十年」。

③ 摘自《曹繼武十法摘要》，完整段落如下：

乃世之練藝者，多感於異端之説，而以善走為奇，亦知此拳有追法乎？以能閃為妙，亦知此拳有捷法乎？以左右封閉為得力，亦知此拳有動不見形，一動則至，而不及封閉乎？且能走、能閃、能封、能閉，亦必目有所見而能然也。

故白晝間遇敵，尚可僥倖取勝，若黑夜時，偶逢賊盜，猝遇仇敵，不能見其所以來，將何以閃而進之？不能見其所以動，將何以封而閉之？豈不反誤自身耶？唯我六合拳（形意拳），練上法、顧法、開法於一貫，而其機自靈，其動自捷，雖黑夜之間，而風吹草動，有觸必應，並不自知其何以然也，獨精於斯者自領之耳。

④ 尚雲祥弟子靳雲亭著作，其中有靳雲亭幾十張拳照。

⑤ 形意門人觀前輩高手練武後的讚譽，其文如下：

昔日劉奇蘭練的龍形搜骨，起似蟄龍升天。宋世榮練的蛇形撥草，如常山蛇陣，首尾相應。劉維祥練的雞形四把，其勁剛柔曲直，縱橫環研，閃展伸縮，變化無窮，極輕靈而又極沉實，兩足落地無聲，卻一步踏碎一塊大方磚。馬禮堂所演練的形意拳神形相合，縱橫往來，按中有提，提中有按，動作旋轉，循環無端，並無一絲剛勁之氣。再如郝家俊的形意拳，練出來的架子融融合合，純任自然，無形無象，不偏不倚。

⑥ 又稱秘宗拳、迷蹤拳、迷蹤藝。滄州市區、郊區所傳陳善支系多稱燕青拳，其他支系多稱秘宗拳，實為異名同源拳術。霍元甲練的便是此拳。

⑦ 八卦武學根基「老八掌」之一。老八掌為單換掌、雙換掌、順勢掌、轉身掌、回身掌、撩陰掌、摩身掌、揉身掌。

⑧ 整理此文時，某唐門傳人來電言：

薛顛最初是隨李存義一個周姓弟子習武，後來才得到李存義親傳，長了輩分。唐維祿很早便認識薛顛，非常投緣。當時薛顛還是低輩分，見唐維祿是持師侄禮的。薛顛向傅昌榮公然挑戰後，薛、傅二人都分別找唐維祿商量（傅昌榮住在鄰近縣城，是唐家的常客）。

薛顛來到唐家，給唐維祿練了一趟拳，算是對自己十年苦練的彙報。唐維祿看出薛顛對傅昌榮有殺心，就說：「你倆一動手就不是比武了，要不我代替他，打敗了我就算打敗了他。」

薛顛是愛面子的人，就不好再堅持了。其實薛、傅比武在唐維祿這裡就已經攔下了，請尚雲祥出面，只是為了此事能夠收場，因為在武林中的影響太大。

關於薛、傅的結仇，在天津地區流傳的說法是，薛顛在關東有一座武館，傅昌榮把武館踢了，當時薛顛大愧，武館也不要了，空著手就走了，一走十年。

唐家尊李仲軒老人為師爺，此唐門傳人也隨著李老的文章，談了一些樁功體驗：

站樁要「流血」，不是假想血管中血在流，而是站樁一會兒後，自然能體會到一種流動感，似乎是流血。在這種流動感中，身上有的地方順暢，有的地方異樣，便緩緩轉動，或是抖一抖，直到整體通暢。此法能治病，出功夫也是它。以外在的形體調整內在的機能，也算是對「形意」二字的一種解釋。

總為從前作詩苦

形意拳能練到甚麼程度？唐師跟我打比方，說從懸崖峭壁跳下，快撞到地面時，用手在石壁上一拍，人橫著飛出去了，平安無事。與人較量時，一搭手能把對方的勁改了，這個本領算好的。還有更好的，在自身失控時，能把自己的勁改了。比武，失控的時候多，都是意外，得把這手學會了。

這手功夫不是跳懸崖跳出來的，是練大桿子練出來的。形意的桿子厲害，桿子有丈二長，等於是張飛的長矛，名為「十三槍」。①

所謂十三個用法，其實胡亂一掄，就都有了。練大桿子得亂來，扎一槍有一槍的講究——這不是入手的方法。

大桿子要挑分量沉的，三人高的，還要韌性，勁一使在桿子上，桿子活物般自己會顫，越不聽使喚就越是好桿子。

拿上桿子，人會失控。沉、長、顫，都是為了失控。桿子失控了，會帶著人走，這時正好改自己身上的勁，改好了，桿子就在手裡穩住了。練桿子跟馴服烈馬一個道理，得先讓桿子撒野，桿子不聽你使喚，反過來還要使喚你，你也不聽它使喚——這個過程要盡量長，在桿子上求功夫，最後這功夫都能落在自己身上，一開始就想著怎麼使，讓它乖乖的，就沒的玩了。

讓根死木頭，變成活馬，這個練法是老輩人的智慧。炮拳是從十三槍的「扎」法裡變出來的，炮拳後手架在腦門，前手斜刺，正是下扎槍的架勢。形意拳動起來，輾轉不停，永遠有下一手，下扎之後必有回彈，下扎槍的下一手，是就著回勢上挑。

炮拳出手後，要向後一聳，就是上挑的槍法，所以炮拳裡有兩個傢伙，明顯的是下扎槍，隱藏的是上挑槍，一個在形上，一個在勁上，以下扎的拳形來上挑，所以才妙。炮拳要到桿子上去體會——這是以後的事情，那時候，便要扎一槍有一槍的講究了。②

我年輕的時候，在唐維祿的弟子中算是要十三槍較突出的。這是我練武的根基。練槍練的是拳勁。

槍勁就是拳勁——在某種程度上，也可以這麼說。練槍為了出拳勁，但出了拳勁，拳勁就比槍勁美妙。這美妙是因為融了腦子，練槍得肌肉勁快，得靈感勁慢。向上求

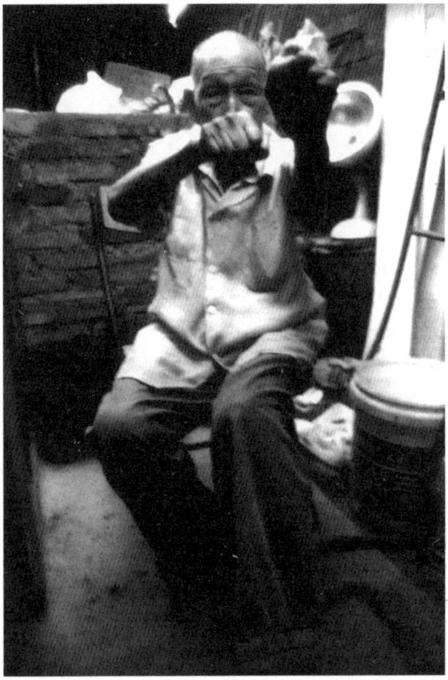

炮拳變勢

索時，不管是有形的還是無形的，這桿槍我們都不要了。

形意門的怪事不敢講。年輕時，我一度住在丁志濤家。在那時，唐師給我們表演過追火車。就是讓我們坐一站的火車，唐師說了：「我抄近道追你們啊。」

等我們到了，見唐師在火車站等我們呢，搖著扇子，身上沒汗。能抄的近道，我們都想了，抄上也不會那麼快。我和丁志濤都不敢說話了。

唐師腿快，交手步法③是唐傳形意的獨到處。步法粗分為橫、縱、斜、轉，要擦地而行，越是腳不離地，越能變化，憑空一跳，變化就沒了。練拳和比武時，感到憋悶，就錯了，兩腳一跳，好像痛快，跳多了會感到非常不痛快，就是憋悶了。不要輕視形意拳的小步一蹭，難看是真難看，巧妙也是真巧妙。

傳說練形意的人能踏著荷葉過池塘，這是神話，但也把練功的方法比喻在裡面了。荷葉桿輕、脆，只有一點韌勁，腳下要很細膩，去找這一絲僅有的韌勁，在一根絲上借勁。

橫拳的練法，是斜著進一小步，橫著退一大步，橫拳等於是倒著打的，正好練這「踏荷葉」，腳伸在地上，要感到踏在荷葉桿上，只有一根絲能支持，要用腳的肉感，把這根絲探測出來。

橫拳變勢

不敢踏，輕也不是，重也不是，腳底板最嫩的皮膚和這根絲一糅合，一星點水花似的，有那麼一星點彈力，人就彈開了。腳底板是練形意人的臉面，嬌嫩著呢，甚麼時候感到腳底板會「臉紅」，才算上道了。

練形意要養成「上虛下實」的習慣，上身永遠鬆快不著力，功力蘊藏在下身。上身如天，下身如地，這就符合自然了。電視裡練拳擊的外國人，上半身太過緊張，該虛的地方實了，在中醫講，就是病態。而形意功夫出在腿上，符合自然，所以不傷身，不勞神。

也別把「上虛下實」理解偏了，站樁時刻意地把全身重量壓在兩條腿上便不對了。「實」是充實有內涵，不是死硬。所以劈拳裡的「前腳外撇的大跨步」，非常好，能把兩條死腿弄活了，把體重轉化成活潑的勁。

世上永遠是強者影響弱者，交戰步法的原理也如此。你的步法強了，能影響別人，別人不自覺地一學你，就敗了。模仿是人的天性，養狗的人像自己的狗，養貓的人像自己的貓，張三總和李四聊天，最後張三臉上出現了李四的表情，李四帶上了張三的小動作，都是不自覺地模仿。比武時，情急之下，人的精神、動作都更容易失控，一受驚，就模仿對手了。

電視裡獵豹追羚羊，獵豹受羚羊影響，隨著羚羊的步子跑了，便永遠追不上了。比武的情景很像「拍花子」（誘拐兒童的迷魂術），腦子太容易迷了，腦子一迷，就跟小孩似的，隨著壞人走，受對手控制了。就看你能不能讓別人模仿你了，練形意的要有自己一套，不去稀罕別人。

強，指的是能有自己的節奏，這種節奏不是跳舞般外露，而是潛在的。劈拳是形意頭一個功，從開始便要練這種潛在的節奏。

這種潛在的節奏，是從呼吸裡出來的，要以步法練呼吸。形意拳是歪理，處處和別人相反，別家練拳是「外向」的，形意練拳是「內向」的。

別家打拳，出拳時使勁，呼氣越猛出拳越猛。而形意不練呼，要練吸。出拳時不使勁，很輕很緩地比劃出去就行了，這樣的動作，必然令呼氣很輕很緩。而在收拳時，要使勁，吸得猛一點。用動作的「輕出重收」，來自然造成呼吸的「輕呼重吸，長呼短吸」。

這是以動作來改呼吸，主要由腿來完成。劈拳是只進不退的，腿上的「輕出重收」，體現在收拳時腿部讓人看不出來的後顫上，勁收腿不收。

劈、崩、炮的基本型都如此，而鑽、橫的基本型就把這個「重收」要在動作上了，

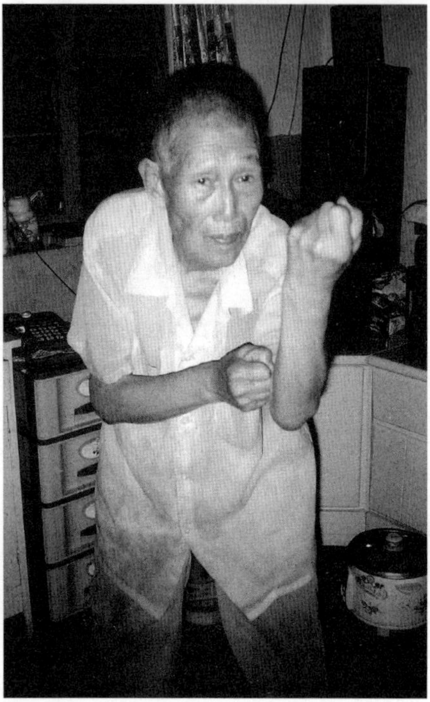

劈拳進步

鑽拳是進一大步退一小步，橫拳是進一小步退一大步。而在變化形中，劈、崩、炮都有退步法，最有名的是崩拳的「退步崩」了。

也許形意在打法上是只進不退，但在練法上是「不求進步，不斷退步」的。這樣練拳的好處大了，練武時練吸，等真比武時，就沒有吸氣只有呼氣了，你一吸氣就有了破綻。要連續不斷地進攻，連續不斷地呼氣，你一口都呼出去了，便沒有後勁了。

形意的雷音④，在練法上是養生之道，在打法上是一種特殊的呼氣法，用於連續戰鬥。真比武，生死都不管了，哪還顧得上吸氣？達不到雷音境界的人，在比武時鼻腔也哼哼，這是強迫自己呼氣，沒有辦法的辦法。

練法和打法往往是反的，練的東西，在打時呈現出來一種反面效果，真是恰到好處。按照「輕出重收」⑤來練五行拳，你就有了自己的節奏，五行拳是一個動作一條直綫地打下去，無限重複，不是為了「一招熟」，是為了練那個潛在的節奏，有了節奏，人才會越來越強。

「輕出重收」時，每個人和每個人還不一樣，總有差別，越練就越和自己的天賦、形體般配，所以練形意拳是越練越有自己。有了自己，人就越來越強。

也因為有了自己，容易上癮。不能隨便教人形意，否則一上癮，整個家當賠進去

程廷華（一八四八—一九〇〇）

了。「眼鏡程」⑥有個師弟，叫劉鳳春⑦，一下上癮了，他本是個小本買賣人，結果買賣沒心做了，賠光了家當，最後當了乞丐。

當上乞丐後，反而有了時間，但練成了，更不想做買賣了，只好投奔師兄。程廷華一看，覺得：「挺好，難得。」結果是程廷華養著他。

唐師是個農民，沒有家底，年齡又大，怎麼也沒理由是他練出來。唐師只是上癮了，李存義不收他，他也一天到晚待在國術館，日後能不能吃上飯，都不在乎了。這時候，人不想未來的，一塌糊塗。

李存義實在看不過去，讓唐師到國術館傳達室，做收信和郵寄包裹的事，能領一份錢，可唐師又不識字，真是沒法辦。但唐師一天到晚樂呵呵的，自己不識字，就請教別人，問明白了這是誰的信，就挺高興的，跑著給人送去。

這麼一個糊塗人，人緣還挺好。後來，唐師是燒水、搬運，甚麼活都幹了，甚麼都不計較了，也是難得糊塗，結果李存義手把手教的沒練出來，這個跟著混的卻突飛猛進了，贏得了李存義的另眼相看，正式收唐師做了徒弟。

老輩人都經歷過一段顛倒歲月，從大辛酸裡爬起來的，只是當時不知道是辛酸，傻樂呵地就過來了。

註釋

①太極門、形意門中均有十三槍，名目不一，有為「沾纏絞攔，披崩拖掛，橫扎抖架挑」，有為「點扎崩撥，開合劈纏，帶撩滑截圈」，形意門則以五行、十二形拳配槍，以「扎、攔、拿」一式三法，構成一個「扎」字，另十二字為「抽勒印舔，蹬挑喂叫，抖提蓋點」，扎字為君，十二字為臣。

②槍法俗話：

你槍扎，我槍拉，你槍收，我槍發。槍是纏腰鎖，虛點難招架，圈裡風波圈外看，你繞我也繞。去如箭來如綫，扎槍要扎機。中平槍，槍中王，閃法拉法鬼難防。辰時使槍日在東，站住東方好用攻；午時使槍日在南，勿叫太陽迎雙眼；酉時使槍日在西，站住西方見高低；六月使槍迎風進，臘月使槍順風行。

③步法，步法有寸步、墊步、快步、剪步是也。如三尺遠，寸一步可到，即用寸步。如四五尺遠，即用墊步。快步者，起前足，帶後足，平走如飛，並非踴躍而往也，猶如馬奔虎踐之意也，非意成者，不能用也，緊記遠處不發足。倘遇人多或有器械者，則連腿帶足，並剪而上，即所謂踩足二起，鴛鴦腳是也。善學者，隨便用之，總不可執，習之純熟，用於無心，方盡其妙。上法以手為妙，進法以步為先，而總以身法為要。起手如丹鳳朝陽是也，進步如搶上搶步、進相踩打是也。必須三節明、四梢齊、五行蔽、身法活，手足步連，內外一氣，然後度其遠近，隨其老嫩，一動而即至也。妙其方法有六。六方者工、順、勇、急、狠、真也。工者巧然也；順者順其自然也；勇者果斷也；急者緊急快也；狠者不容情也，心一動而內勁出也；真者發心中得見之真，而彼難變化也。六方明，則上法、進法得。

④形意拳特徵為龍腰、熊膀、鷹捉、虎抱頭、雷音。雷音為一種特殊發聲。

⑤ 出拳輕，收拳重。

⑥ 程廷華（一八四八—一九〇〇），字應芳，河北省深縣程村人。八卦掌宗師董海川弟子，在北京崇文門（哈德門）外花市上四條，以製鏡為業，江湖人稱「眼鏡程」。其掌法的特點是屈腿淌泥，橫開直入，擰翻走轉，舒展穩健，勁力沉實，剛柔相濟，善擺扣步，以推、托、帶、領、搬、扣、劈、進見長，螺旋力層出不窮，擰裹勁變化萬千。

⑦ 劉鳳春（一八五三—一九二二），字茂齋，河北涿縣人。製賣翠花為業，江湖人稱「翠花劉」。董海川弟子，技藝多由師兄程廷華代授。

別來幾春未還家

李仲軒老人一生沒收過傳武的徒弟，晚年有幸《武魂》給予了一片言語的天地。

據李老子女回憶，一九八四年，李老在中科院家屬院做看門人。一位中國科學院的同志要為李老出書，被李老謝絕。

也由這位中科院同志聯繫，一位拳術名家之女尋訪到李老，最終在中科院同志陪同下，以「形意同門同輩」的身份，在北京八角南街八號樓和李老會面。

她邀請李老加入她所在的武術協會，出山教拳，李老婉言謝絕，說：「過去的事，不想談了。」那位中科院同志仍健在。

一九八八年，李老一位師傅的子女來京尋找李老，李老因某種原因，沒有相見。唐維祿的徒弟褚廣發辭世前，託人來京尋找李老，因地址有誤而未找到。

李老說，唐維祿在北京南河沿地區有名譽，當年崇拜者很多，但他沒和南河沿的

人交往過。唐維祿說過：「誰敢說自己會甚麼呀，形意拳，我就不會。」——李老以此為座右銘，說在練武上，沒有適可而止的事。

筆者聽說李老的祖師劉奇蘭以「龍形搜骨」聞名①，就問「龍形搜骨」是甚麼意思，李老說「龍形搜骨」不是龍形，就是劈拳裡前腳外撇的大跨步，說這個步子開天闢地，打通三盤，調理百骸，是成就身子的關鍵。有步子有功夫，沒步子沒功夫，這個步子就是內功。

還說形意拳沒有龍形步，龍形也是蛇形步，他見過所謂的「龍形步」，前腿盤地時伸展出去。李老說，形意的腿法一伸即縮，不會擺出個伸小腿的亮相，前腿還是要像蛇形般攏住收住。

只撇腳不展腿，撇腳的打法是別住敵人的腳，但也是在擒拿時較從容的情況下使用，情況緊急一拳見生死時，就用不上了。撇前腳的大跨步，主要是練法。

唐維祿是在步子上出的功夫，李老說唐師走路，步步一樣長度，比尺子量得還準。左步和右步一樣，每步都一樣，這說明身體已經高度協調。找著了兩隻腳也就找著了功夫，溜達時練的是這個。

前腳外撇的大跨步是形意的大步子，還有個小步子，就是崩拳步。崩拳步很微妙，步子只是向前，兩膝蓋是擠著的，但腿根裡夾著活的動勢，稍稍一調，就能隨時隨意地轉向、轉勁。所以崩拳微妙。

李老說：「唐師看上了我，我得唐師的東西容易。但，得師父的東西容易，自己有東西就難了。」說他們這一支對岳飛②較忽略，主要是拜達摩③，可能因為達摩是禪宗祖師，代表悟性吧？

整理薛顛的象形術時，筆者問「象形」是甚麼意思，李老說後面還含著兩個字呢，整話是「象形取意」。形意拳這一脈的功夫不但是形質上的東西，還有神氣上的東西。象形取意——這四個字太金貴了，漢字是這麼發明的，琴棋書畫都是搞這個東西。明白了這個道理，山川江河、日月星辰都能入到拳裡，象形術尤其能入鳥獸。

筆者當時覺得這是高談闊論，李老就笑了，說象形取意是真事。說每個人剛一練拳的時候，都本能地要找個「窩」，找個自己喜興的地方練。喜興這地方，練起來帶勁。以後喜興上哪兒就在哪兒練，這份喜興就是在象形取意，是人不自覺的行為。

練形意的老派做法是，剛開始練時，不管日裡夜裡，一定要對著東方練，這是死規定。太陽從東方升起來，東方生機勃勃——這也是在象形取意。按這個死規定練起來，得了好處，就明白了。

人聽戲會受感動，在天地萬物中也會受感動，有感動就有功夫。一感動，拳架子裡頭的東西就不一樣了。到時候，琴棋書畫、山河美景、禽獸動態都可以借來入象。練武人學了文化，能比文人用得還好，都能用在身上。唐詩也是象形取意，練形意，練得詩興大發似的，就對了。

李老還囑咐，說象形取意得含含糊糊，不是想畫面，想畫面想得太清楚，會上火。模模糊糊地有點意思，一動筆好詩就出來了，這點意思的動力大。到時候，肌膚爽透，比洗熱水澡還舒服，體內「嗖」的一聲，熱氣、涼氣打在一起，上伸下縮的，太陽穴就鼓了。

再往後，突然一下，人張不開口了，也喘不上氣了，牙咬得很緊，上壓下頂的，拔也拔不開——這個時候好處就來了，五臟六腑、筋骨皮肉起了變化，雷音出在此時。

聲音上也是象形取意，後面就是隨著雷音定境界了，比眼見的湖光山色還要妙。雷音不知道從哪兒發出來的，此時嘴巴根本打不開，所以雷音沒法練，是自然而生的。

在校二十四法④時，也要象形取意。光講「發頂」，身子靈巧了，但還覺得欠，師傅說一句：「要有淩雲之志。」一下就不同了，覺得妥帖了，得了東西。

打劈拳，架子對了，一收一放循環往復的動勢有點意思了，師傅說一句「如雷音滾滾」，功夫立刻就妥帖了。所以二十四法需要玩味，要把無趣的變得有趣，這是形意的練法。自修象形術，尤其要懂得往自己身子裡補東西。

李老說，審時度勢是人傑，他佩服關羽。「溫酒斬華雄」時，華雄收了兵，此時關羽單槍匹馬闖進華雄的軍營，小兵們沒反應過來，覺得剛打完，不知道關羽來幹嘛，就沒攔。華雄此時已經下了馬，關羽騎在馬上一刀就把他劈死了，然後趁亂一溜煙出了敵營。

過五關斬六將，基本都是瞅個冷子就一刀。趙雲七進七出，張飛大喝長坂坡，這是血勇，關羽沒那麼威風，但他的腦子太厲害了，時機把握得真好，能這麼省時省力。把他評為武聖的人，太有眼光了。

魯智深拳打鎮關西，鎮關西是屠夫，魯智深假裝買肉，讓鎮關西切了一包又一包，先把他累了個半死再打他。與人交手就要這麼有心計，所有的流氓無賴都是這麼幹的。關羽殺華雄，是投機取巧，但他一個人闖敵營，是大勇，能算出來小兵們心理的盲點，是大智。比魯智深的檔次高多了。

光有武功還是吃虧，得有腦子，地痞流氓的心計得知道。李老說他年輕時在天津，陪夫人丁志蘭看戲出了事。丁家雖是屠夫，但男女都很漂亮，李老的兄長見過丁志濤，說英俊有派頭、穩重講禮節。

丁志蘭那晚被地痞盯上了，李老夫婦上了黃包車，他們還跟著。李老發覺後做了打架的準備，後來想：何必打架？他會說當時警察的行話，於是喊了幾句警察行話。拐了一條街，地痞就散了。

李老說功夫大，不會審時度勢，說明功夫還不行，功夫真大了，審時度勢上便會強人一籌。關羽不是沒有張飛的實力，是在此情此景下，沒有必要。唐維祿為人和氣實在，一動手比誰都賊，腦子和眼光勝人一籌，比武就不費勁了。

李老說，日軍侵佔京津時期，唐維祿在京津兩地往返，夜裡手拎燈籠，避開關卡走野地，有時快成一條綫，由於走得多了，沿途設卡的偽軍遠遠見了，就知道是唐師傅來了，他們不開槍。

筆者當時問：「要是開槍呢？」李老說：「開槍了也打不著。以前開過槍，槍一響，唐師傅就有了辦法。」

註釋

①「神拳」李洛能有八大弟子：劉奇蘭、宋世榮、車毅齋、郭雲深、白西園、張樹德、劉曉蘭、李鏡齋。其中劉奇蘭以身形、宋世榮以內功、車毅齋以顧法（防禦法）著稱。落實在十二形演練上，劉奇蘭的龍形搜骨、宋世榮的蛇形撥草、車毅齋的游鼉化險，均為一代絕技。

劉奇蘭拳論摘要：

形意拳之道無他，不過變化人之氣質，得其中和而已。余幼練八極拳，功夫頗深，拳中應用之法術，如攙肘、定肘、擠肘、挎肘，等等之著法，亦極其純熟，與人相較，往往勝人，其後遇一能手，身軀靈變，或離或合，則吾法無所施，往往拘守成法而不能變，尚疑為自己功夫不純之過也。其後改練形意拳，習五行生剋應用之法則，以前所用之法則，而時應用，無不隨時措之宜也，亦無入而不自得也。因此始知形意拳是個中和之體，萬物皆涵育於其中矣。

②據說形意拳學是發現了岳飛的殘缺遺書後據之創立的。由於岳飛是民族英雄，藉岳飛之名有利於形意拳的廣泛傳播，也符合形意拳「強種強國」的宗旨。因此這種說法被廣大武術家所接受，流傳至今。孫祿堂著《形意拳學》《拳意述真》，劉殿琛著《形意拳術抉微》，姜容樵著《形意母拳》，薛顛著《形意拳術講義》等，對岳飛創立形意拳的傳說予以肯定。如劉殿琛寫道：「形意拳術一門為最合軍用，蓋該拳為岳武穆所發明。」

而徐哲東在其《國技論略》中指出：「形意拳家言，形意拳傳自岳飛，其事終出於依託。蓋形意拳家藉岳飛以增重也。形意拳是否岳飛之傳，亦可疑也。」最早提出了「偽託說」。

③據說形意拳創自北魏時來中國傳教的印度僧人菩提達摩。因達摩開創的禪宗在中國民間有深入影響，所以中國的民間社團多拜達摩為祖師，也許形意拳門人是受風氣影響。

一九二八年，凌善清在《形意五行拳圖說》「形意拳之源流」章節寫道：

六朝時，天竺僧達摩始挾其所謂西域技擊者來傳之於中土，於是北方之強者群起而趨之。今猶有所謂達摩拳、達摩劍等流傳於世，而形意拳亦其一也。

達摩所傳者，意在於攝生，而技擊次之。形意拳者，其名譯自梵音，其旨即在於養氣……寺僧有得其一體者，復興中國固有之武技融會而錯綜之，超逾騰踔，以之勝人。於是始有所謂少林拳者名於世，而去達摩所傳之意亦日愈遠。

北宋時有張三豐者，隱武當為皇冠，究心達摩之術者若干年，得其玄奧，乃盡棄少林之成法，而一以練氣為主。有從之者，即授以形意拳以為練習初步。成效既著，學者蜂起，世人遂名之曰「內家」，而稱少林為「外家」，而形意一拳，至是亦遂為內家所專有矣。

一九三〇年，徐哲東著《國技論略》、唐豪著《少林武當考》，均指出達摩與武術無關，張三豐傳習形意更屬虛構。

④ 形意拳有八須：頂、扣、圓、毒、抱、垂、曲、挺。每一須對應人體三處，合計為二十四法。拳式站定，此八須具備焉，皆所以蓄力養氣，使敵我者無所措，此亦五行拳特有者也。

三頂：頭上頂，有衝天之雄，手外頂，有推山之功，舌上頂，有吼獅吞象容。

三扣：肩扣，則氣力到肘；膝胯扣則全身氣湊；手足指掌扣，則周身力厚。

三圓：脊背圓，其力摧身；前胸圓，則兩肘力全；虎口圓，則勇猛外宣。

三毒：心毒如怒狸攫鼠，眼毒如觀兔之飢鷹，手毒如撲羊之餓虎。

三抱：丹田抱氣，氣不外散；膽量抱身，臨事不怯；兩肘抱肋，出入不亂。（另一說為三敏即心敏、眼敏、手敏是也。）

三垂：氣垂則氣降丹田，肩垂則肩能摧肘，肘垂則肘能摧手。

三曲：兩肱宜曲，曲則力富；兩股宜曲，曲則力湊；手腕宜曲，曲則力厚。

三挺：頸挺則精氣實頂，腰挺則力達四肢，膝挺則有彈力。

第三編

尚門憶舊

尚雲祥（一八六四—一九三七）

山東樂陵人，李存義弟子，武林名號「鐵腳佛」。天生矮小，以才智突破身材局限，終成一代宗師。義和團在河北天津地區抗擊八國聯軍時，隨李存義入戰場殺敵、在北京巷戰。中日戰爭前夕，將形意門刀技傳授京津部隊。

入門且一笑

李仲軒在寧河受了唐維祿拳術、醫藥、道法（形意拳是內家拳，以道家為歸旨，所以有醫藥、內功）全部的傳承，是唐的傳衣缽弟子。

唐維祿在口傳形意拳古歌訣時，有「虎豹雷音」一句，並沒有詳細解釋，李仲軒以為是對敵時大喝一聲，震撼敵人心神的作用，也就沒有多問。

之所以忽略，因為唐維祿在教拳時不許發聲。一次李仲軒練完拳，趁著一股高興勁兒，唱了兩句京劇，被唐維祿一頓臭罵，危言説練拳就是練一口氣，一張口便白費了。而且精氣神都在這一口氣裡，不求化在體內，反而大口大口唱出去，是在玩命。

由於唐維祿定下練拳不許説話的規矩，使得李仲軒對發聲有了成見，不會再多想。李仲軒對唐師的規矩十分信服。因為有切身體驗，形意拳練一會兒後就能感受到體內氣息蒸騰，隨意張口確有「泄氣」之感。

至於如何將這口氣化在體內，唐維祿教授，練完拳不能立刻坐下，要慢慢行走，轉悠幾圈自然會有熏蒸、淋浴之感，很是神清氣爽，久之心智可以提高。所以習武要有練有化，收式與起式同樣重要，甚至練完後溜達的時間比練拳的時間還要長。

對於形意古歌訣，唐維祿是先整個說出來，令李仲軒背誦，日後再分節講解。由於練武要靠實踐，程度到了方能有悟性，唐維祿有的講解十分清楚，有的講解李仲軒便聽不明白，似乎唐維祿也有難以說明之苦。

到分節講解時，唐維祿說到「虎豹雷音」，李仲軒問：「是嚇人用的吧？」唐維祿連忙說不對，而是通過發聲來長功夫——這便與唐維祿「練拳不許說話」的規矩違背了，李仲軒就問是何道理，唐維祿說他的師傅李存義有言「要想功夫深，需用虎豹雷音接引」。不過得功夫達到一定程度，方能有此妙用。

李仲軒追唐維祿的話茬兒，說：「既然不是一聲怒吼，是個練功方法，練功方法總是具體的，還望老師說明。」

唐維祿感到很是為難，想了一會兒，帶李仲軒到了寧河的一座寺廟裡。見左右無人，在院中懸鐘上輕輕敲了一下，懸鐘顫響。唐維祿讓李仲軒將手按在鐘面上，說：「就是這法子。」

李仲軒仍然不解，唐維祿說：「李存義老師當初就是這麼傳給我虎豹雷音的，我沒有隱瞞你的，是你自己明白不了。」此事就此擱下。

唐維祿為自己的徒弟能夠深造，後來讓李仲軒轉投尚雲祥門下，李仲軒因此從寧河到了北京。李仲軒家中在北京有親戚，當時由於時局紊亂，許多北京人遷居南下，所以北京有許多空房，房租空前的便宜。李仲軒在親戚家住了些天，便租了間房子，留在北京專門習武。

由於脫離了寧河的大家族宅院式的生活，在北京胡同中與各色人等雜居，李仲軒對許多事都感到新鮮。當時胡同裡有一位姓嚴的先生，是賬房的會計，一手算盤打得十分高明，閒時在院子裡將馬扎一支，教左右的小孩打算盤。

也將李仲軒吸引過來，就跟著學了，不料後來他自己的職業就是會計。當年玩兒一般學會的算盤竟成了終生吃飯的本事，不由得感慨命運的因果奇巧。

嚴先生教李仲軒算盤時，問道：「我原以為你們練武之人，總是手指粗粗，滿掌繭子，沒法打算盤，不料你的手指比女人還細，一個繭子都沒有。」李仲軒說：「我們內家拳不靠手硬打人。」

當時唐維祿從寧河到北京看徒弟，躺在李仲軒租的房裡歇息，聽到嚴先生與李仲

尚雲祥(一八六四—一九三七)

軒在院子裡說話，就笑眯眯地走出來，兩手一伸，說：「嚴先生，我的手也是一個繭子沒有。」

唐維祿在寧河鎮周邊的農村裡種地為生，可他的手不但沒繭子，而且很小，一點沒有重體力勞動的痕跡，嚴先生就感到更奇怪了。唐維祿說：「但我的手很有勁。」①說完張手在院牆上一攥，便將婦女們綁晾衣繩的釘子拉了下來，然後不往原來的釘孔上插，而是錯開釘孔，手一擰，釘子就進了磚裡。嚴先生看得目瞪口呆，連說：「開眼，開眼。」

唐師表演了這手功夫，使李仲軒對形意拳的內涵更為嚮往，急切地想在北京期間能有長進。但雖經過正式拜師，每次去尚雲祥家，尚雲祥並不教甚麼，總是跟李仲軒閒聊，一副「來了個朋友」的樣子。

李仲軒知道自己拜入尚門，完全是唐維祿的撮合。尚雲祥雖對李仲軒有過觀察判斷，畢竟不太了解。他的閒聊，是在摸自己的性情。於是放開了，甚麼話都跟尚雲祥說，將這段時間當做去做客，相信有一天終會得到傳授。

一日，在尚雲祥家時，尚雲祥有個朋友來訪。此人身體不太好，有胸悶頭暈的毛病，聽別人說讀經文可以去病，便請了本經日日讀誦。可經文難懂，一費心思，似乎胸悶得更厲害了，便來問尚雲祥有沒有健身的方法。

尚雲祥說：「練拳更加費心思，我看你這只是體虛，找正經大夫，吃藥慢慢調理，比甚麼都好。」

那人走後，尚雲祥跟李仲軒繼續聊天，聊了一會兒，話題就轉到了那人身上。尚雲祥說：「其實有一個方法可以治病，正是讀書，不過要像小孩上私塾，不要管書上是甚麼意思，囫圇吞棗地一口氣讀下去，只要書寫得朗朗上口，總會有益身心。但咱們成年人，不比小孩的元氣，大聲讀誦會傷肝，要哼著來讀，不必字字清楚，只要讀出音節的俯仰就行了。」

李仲軒問：「這是甚麼道理？」尚雲祥答：「沒甚麼道理，我看小孩們上學後，馬上就有了股振作之氣，對此自己亂琢磨的。」

李仲軒又問：「為甚麼不把這法子教給您那位朋友？」尚雲祥說：「那人生活不如意，精神萎靡，才令身體困頓，重要的是無思無想，不能再動甚麼心思，我就不用這法子招惹他了。」

這話題一談也就過去了。幾日後，李仲軒忽然由讀書法想到，虎豹雷音會不會也在聲音上有一番玄妙？便去問尚雲祥。尚雲祥用一種很怪的眼神看了李仲軒一眼，說：「虎豹雷音不是練的，想著用它嚇敵，儘管去練，練多了傷腦，人會瘋癲失常的。」

李仲軒問：「可唱戲的不也練大聲嗎？」

尚雲祥：「嗨！可他們不練拳呀。」

從此李仲軒再也不敢問虎豹雷音了。與尚雲祥彼此熟悉後，尚雲祥開始傳授武功，所教與唐維祿時有不同。李仲軒心中奇怪，表現在臉上。尚雲祥察覺後，笑道：「我教的是我這一套。」

李仲軒連忙藉這話茬兒，將唐維祿用敲鐘傳他虎豹雷音的事說了。尚雲祥聽完，說：「沒錯。」李仲軒說：「您那一套是甚麼？」

尚雲祥笑道：「你真會挖東西。好，哪天打雷告訴你。」李仲軒以為尚雲祥是在用玩笑話敷衍，不過也一度天天盼著下雨，但多天沒下雨，尚雲祥也不再說甚麼，只好專心練武，不去妄想了。

那時尚雲祥鄰居家的貓生了窩小貓，有隻小貓一個月了，兩隻耳朵還沒豎起來，跟小狗似的耷拉著耳朵。尚雲祥覺得它可愛，雖沒要來養，卻常抱來玩。

一天，李仲軒去尚雲祥家，見尚雲祥坐在院子裡用個小布條在逗貓，就坐在一旁。見李仲軒在等，尚雲祥逗了幾下便不逗了，將貓抱在懷裡，閉著眼捋著貓毛，似乎在出神。

過了一會兒，忽然說：「你沒見過老虎、豹子，我也沒見過，可貓你總見過吧？其實聰明人一聽虎豹雷音這名字，便知道是怎麼回事了。」

尚雲祥說，貓跟虎豹是一樣的，平時總哼著「嗯」的一股音響個不停。李仲軒從尚雲祥手中接過貓，果然聽到了貓的體內有「嗯」聲在輕微作響，而且抱貓的兩手上都有震動。

尚雲祥解釋，練拳練到一定程度，骨骼筋肉都已爽利堅實，此時功夫要向身內走，就是要沁進五臟六腑。但這一步很難，就要用發聲來接引一下，聲音由內向外，勁力由外向內，裡應外合一下，功夫方能成就。

尚雲祥最後總結：「所謂雷音也不是打雷的霹靂一聲，而是下雨前，天空中隱隱的雷音，似有似無，卻很深沉。」然後示範了哼「嗯」、「嚯」兩個音。

離尚雲祥傳授虎豹雷音的時刻，已過去六十餘年。李仲軒老人回憶當年的情景，打趣地說：「如果沒有一隻耷耳朵貓，還真聽不到虎豹雷音。」

①形意拳不用蠻力，另有十八力，如下：

永力：動久不變，如張弓然。

反力：忽然全變，如弛弓然。

攝力（柔中含剛）：挽之使近，如右手控弦然。

拒力（吸化勁）：推之使遠，剛柔不入，如左手持弓然。

總力：能任闢重，如槓桿之倚點然。

折力：能分條段，如尖劈之斜面然。

轉力：互易不窮，如滑車然。

銳力：曲而能入，如螺絲然。

速力：往來飛疾，如鼓琴而震顫然。

動力：阻制馳散，如游絲之節動然。

擰力：兩短相違，如絞鋼而成繩然。

超力：一瞬即過，如屈鋼條，而使躍然。

鈎力：逆深至隱，如餌釣魚，時擒時縱然。

激力：強異爭起，如風浪鼓，乍生乍滅然。

彈力：驟起擊壓，無堅不摧，如弩括突矢，突矢貫扎然。

決力：臨機立斷，自殘不恤，如劍鋒宜陷，劍身亦折然。

偏力：不低即昂，不令相平，所以居己於重也，如錐、杵然。

平力：不低不昂，適濟其平，所以息物之爭也，如懸衡然。

師是平淡人

在尚師的子女中，我學拳時只見過尚蓉蓉一人，一直以為她是獨生女。那個時代封建，男女授受不親，尚師家來人多，尚師忌諱人跟他女兒説話。尚蓉蓉的文化水平比我高，聽説是在東四九條上的小學，又上了中學，但沒有上完。我只是個小學畢業。

一天，我去尚師家，見幾個十來歲的小孩纏著尚蓉蓉，説：「小姑，別人要這麼打我，該咋辦？」尚蓉蓉説：「不怕，這麼來。」和這幫孩子在院裡玩上了。尚蓉蓉的出手很快，跟小孩比畫不敢帶勁，變招巧妙。她對那幫孩子説：「開始打拳砰砰砰，這不對，砰砰砰之後的東西妙著呢。」我看了一會兒，知道她得了尚師的武學，這也是我見尚蓉蓉時間最長的一次。

尚師不指望她與人比武爭名聲，因為女子天性有股溫柔，不像男子比武下得了狠手，所以對付一般練武之人綽綽有餘，但在性命相搏時，女人天性上就吃了虧，尚師只是希望她能將自己的武學繼承下來，流傳後世。

師母姓趙，我沒問過名字。尚蓉蓉長得像師母，不特別漂亮，但順眼大方。師母左腿有點瘸，不是天生的，而是後天摔的。我叫師母，而尚師的徒弟單廣欽叫「媽」，他與尚師情同父子。

我在尚門中和單大哥交情好，由於我學拳的後半階段是從天津往北京跑，和別的師兄弟就交情淺了。

尚師家是東廂房三間，廂房比正房矮，但尚師家有電燈，不是尚師有錢了，而是單廣欽有心。那時同在尼姑庵住的鄰居安了電燈，尚師家還是點煤油燈，單廣欽說：「咱不能比旁人差。」給尚師家安了電燈。

與尚師同院的鄰居中，沒有賣藝賣苦力者，多為做小生意的，還有文化人。我是進了尚師的院門，就自己要求自己規規矩矩，別人不與我搭話，我也不與人攀談。

我從天津來都是吃完午飯再去尚師家，尚師說：「遠來是客。」不讓我太拘束，讓我中午在他家吃，說得多了，我就吃了幾次，都是雞蛋炒大餅。

那時一個警察一個月九塊錢，尚師一個月可能有三塊錢。我習武，我父親非常反對，但我母親王若蘭是支持我的，她對我說：「文人就是鬥心眼，武將才是真本領，國家有災要靠武將。」

沒我母親的支持，我是學不下去的。她的太爺王錫鵬①在浙江定海被洋人的炮彈炸得只剩下一條腿，她小時候聽過「鬼報喜」的事，就是王錫鵬陣亡後，家裡人極度悲傷，幻覺中覺得有人說：「老爺又升了。」結果王錫鵬死後真給升了一級。

我姥爺王燮②在八國聯軍進北京時因抵抗被洋人殺害，有人說他是被押到德勝門給點了天燈，其實是砍了頭，我母親說入葬時沒有腦袋，做了個銅頭，外界說是做了個金頭。

那個時代哪有那麼多金子？慈禧太后賞王家女眷，也不過二十個金扣子。我的二姥爺王照協助光緒變法，慈禧殺人時，他剃光頭扮和尚逃到日本方撿了條命。

尚師是瞅著我是忠良之後，才收的我，我立下了不收徒的誓言，尚師管我叫「小李子」。

尚師話很少，唐師能和尚師聊起天來，但不管說多久，也只是談拳，很少說閒話。尚師、唐師都是平淡和善的人，見人來了笑臉相迎，令人感到愉快。

尚師和師母住三間東廂房靠南的一間，不睡火炕睡木床，房裡西牆上掛著一幅一尺來長的達摩像，是墨筆畫，鑲在鏡框裡。

房裡有張六仙桌，三個抽屜，帶銅把子，有一個抽屜是任何人都不能動的，其中有一本李存義寫的《五行拳圖譜》。那是窄本綫裝書，尚師只有一本，唐師也只有一本，唐師的這本書傳給了我，但我因生活動盪而遺失了。

我能有習武的心也是因為受了辱。我十五歲的時候，想到北京見世面，通過親戚介紹，在北京王府井大街的東路「天津中原公司北平分銷場」做了售貨員，這在我家是降身份的事，但我父親在南京與人做生意賠了錢，家裡一度困窘，父親很消沉，不管我了，我也就來了。

這個銷售場是兩層樓，賣百貨，規定工作人員不准賭博不准打架，否則就開除。一天下雨，銷售場的後門在胡同裡，下班時較擁擠，許多人沒傘都擁在過道，我有傘便往前擠，結果後面人一推，我就擠了前面的人，那人還沒打上傘就給擠到雨地裡了，他回身就給了我一巴掌，撐上傘走了。

我覺得很屈辱，就跟他一直跟到了長安街的公共汽車站。那時是有軌電車，電車開過來時，我撲上去將他腦袋按在鐵道上，說：「我要跟你同歸於盡！」其實傻子才跟他同歸於盡呢，我是真氣急了，但還有理智，半撒氣半嚇他。

他討饒，我放開他。他和一個相好的同事掄著傘打我，我也回打，結果我們的雨傘都打壞了。他後來到警察局告了我，說我要殺人，結果我被關了一夜。

想到銷售場的規定，我想：與其讓人開除我，不如自己走。其實這份工作是我北京的親戚介紹的，他有面子，我再鬧騰也不會開除我。但我覺得我鬧事，首先對不起他，心中有愧，就不再去上班，就這麼丟掉了我的第一份工作。

沒了工作，只好回家，正碰到唐維祿的大弟子袁斌要教我，就此結識了唐師。津東大俠丁志濤比我年長，但我是他師兄。袁斌教我時，唐師總來看，也就指點了我，只是還沒有正式拜師。那時丁志濤仰慕唐師，求拜師多次，唐師都不答應，嫌棄丁志濤是殺豬的，說：「白刀子進去紅刀子出來，這種人狠，不能教。」

丁志濤就求我，在我的勸說下，唐師才收了他。

結果一收，發現丁志濤練功非常刻苦，資質又好，很快成就了武功，而且沒有任何仗武欺人的事，還總幫弱者打抱不平，唐師很滿意。

但丁志濤最終自殺而死，他不對別人狠卻對自己太狠。點穴是高功夫的人的事，尚師、唐師都能點穴，丁志濤也練到了點穴的程度。一次我和他試手，他一下點在我身上，我覺得身上騰地一下，趕緊一抖，算是沒有被他點上。

尚師、唐師教過我點穴，但那時我程度不夠，實做不出來，拜師薛顛時正處於武功的上升階段，也是在此時通了通點穴。此次僅簡略談談，為讀者破除一點神秘。點穴的高手在八卦門中有一個，武功與程廷華相當，綽號「煤子馬」，賣煤球的，我不記得他的姓名了，老輩人都很敬重他。

薛顛有《靈空上人點穴秘訣》一書，上面都是藥方子，實際上沒有講點穴。此書的貢獻是將武家的藥方公開了，功德無量，但由於年代久遠，今人的身體素質、飲食習慣已經和那個年代的人迥異，所以買了此書的讀者還是要找專業中醫人士請教，方能實踐此書上的藥方。

武家的藥方是一寶，同時也是師承的見證。唐維祿的後人來訪我，我將李存義傳給唐師的五行丹連並幾個藥方都寫給了他，保證了唐師武學在唐師後人中能夠完備傳承，算是報了一份師恩，同時也將薛顛的樁法寫給了他。我是就事論事，如果論嚴格傳武，不會這麼輕易。

我是一九一五年生人，薛顛提倡樁功，在記憶中大約是在民國四年（一九一五）的時候，他當上國術館館長後，樁功就成了國術館的早課。站樁容易領悟拳學，薛顛說樁功是方便，這是實在話。

但真正神奇的是，尚雲祥練武入迷，以神作拳，行住坐臥都是這個，這是上道的東西，不是入門的技巧。李存義和尚雲祥通站樁，但他倆平時練功就是五行拳，很少站樁，只是可憐徒弟不長進，方教站樁。

站樁與打拳最關鍵的要點是一個，對這個要點沒體會，練拳不出功夫，站樁也照樣不出功夫。這就是「樁法能融入拳法中，拳法能融入樁法中」的道理。

尚師對我啟發最大的話是：「不要力勝，要以智取。」這是被許多評書話本說爛了的話，在尚師口中說出，卻一剎那令我體會到武術的另一層面，比武時顧不上算計謀略，但練武其實是在練心智。

對於交手的大原則，唐維祿總結為：「身子掛在手上，眼睛盯著根節，冷靜。」手上要掛著身體一二百斤的分量，拳譜有「追風趕月不放鬆」的話，追上敵人容易，身子能追上自己的手，就難了；肩膀為根節，敵人要有作為，肩膀必有徵兆，練武人練出眼力容易，養成明察秋毫的習慣，就難了；而最難的是冷靜，必得練功夫練得開了智，方能冷靜。

首先點穴不是點得人一動不能動，而是一動就痛苦，不捨得動；其次，點穴不是追著認穴追著點，那樣一輩子也點不了人，點穴的要訣就是成語「適逢其會」，自然而然地，在你來我往中剛剛好能點上穴就是了。追著點穴來不及，得等著點穴。

點穴不是點上去的，也不是打上去的，而是撞來的。順著敵手的勁戳住了，順手在哪裡就是哪裡。懂了形意拳的高級打法，也就是懂了點穴，形意門中現精通此術者應該尚有，因為傳了高級打法必傳點穴。

點穴的手形是劍訣，食指和中指疊在一起。如何練指力？不是戳木頭、沙袋，而是劈抓，形意拳古譜中有「三頂」的要訣，其中有指頂，指頂有推出之功，如何練到指頂？

不是指頭堅挺就是指頂，得把古譜上的「三弓、三抱、三垂、三挺、三圓、三擺、起落鑽翻要義」③都練到了，方能成就指頂，也就有了點穴之力。所謂「一有全有，全有方能一有」。

唐師介紹我拜了尚、薛二師，介紹徒弟廉若增拜入張鴻慶門下，張鴻慶也是賭術高手，他賭博的搭檔叫任廷裕。我在向張鴻慶求教期間，他偶爾帶我去打麻將，一次我輸得太慘，就對他說：「您撈撈我吧。」（接我的牌，幫我贏回來。）他說：「我不管，你找任廷裕。」

任廷裕笑了，教了我一點賭術技巧，我一看，原來賭博和比武一樣，都得眼明手快。麻將總是在桌面上胡嚕來胡嚕去，而任廷裕想摸哪張牌就能摸到哪張牌，其中的道理，跟認穴一樣。

至於解穴，只要一個人會了點穴自然就會了解穴，揣摩著點上去的勁，反方向一拍，就解了穴。點穴的奧妙不在指頭，不在中醫經絡圖，而在打法。這只是粗淺地將點穴的原理講出來了，增長一下讀者的見聞而已。

註釋

① 第二次鴉片戰爭定海保衛戰，六天六夜的血肉相搏，將士屍體相枕，王錫鵬、葛雲飛、鄭國鴻三總兵同日殉國，竹山頂上建有紀念他們的三忠祠。

② 王夑，字襄臣，一字湘岑，寧河人。諸生，襲騎都尉世職，歷官京城左營游擊，加總兵銜。殉難。有《秦園詩鈔》。

③ 起者，鑽也。落者，翻也。起為鑽，落為翻；起為橫，落為順；起為橫之始，鑽為橫之終。落為順之始，翻為順之終；頭頂而鑽，頭縮而翻；手起而鑽，手落而翻；足起而鑽，足落而翻。腰起而鑽，腰落而翻；起橫不見橫，落順不見順。起是去，落是打，起亦打，落亦打，打起落，如水之翻浪，是起落也。無論如何，起落鑽翻往來，總要肘不離肋，手不離心。此謂形意拳之要義是也。知此則形意拳要道得矣。（摘自孫祿堂《形意拳學》）

按五行十二形之起落鑽翻橫豎數字，學者最容易模糊，即教者亦未易明白指示。蓋一手悠忽之間而六字皆備焉。譜云：「起橫不見橫，落順不見順。」又云：「起無形，落無跡。」言神乎其技者之巧妙無蹤，受之者與觀之者，俱不能知其所以然也……

竊謂：手之一動為起，由動而直上為鑽，鑽之後腕稍扭為橫，由扭而使手之虎口朝上時為翻，即至虎口完全朝上，則為豎矣。至豎而近於落矣，然又未必能遂落也，或離敵稍遠，再以手前去而逼之，此前出之時即為順。譜中鑽翻橫豎起落之外，又有落順不見順之順字，即此也……

如譜云：「束身而起，藏身而落。」此即一身之伸縮變化而言也。「起如風，落如箭，打倒還嫌慢」，又即一身與手足擊人而並言之也。

又云：「不鑽不翻，一寸為先。」蓋敵已臨身，時機迫促無暇鑽翻，且不及換步，則將何以功之乎？曰：在手直出。但手直出，周身之力又恐不整。故以寸步為先，寸步者，即後足一蹬，前足直去，驚起四梢，如此則渾身抖擻之力，全注於鑽翻之手，敵人始能仰臥數步之外。以上皆順字效也。（摘自劉殿琛《形意拳術抉微》）

把臂話山河

嚴格說來，形意拳古規矩是不准帶藝投師的，而且還有個理想說法，師傅和徒弟的年齡最好相差十五歲。因為體操可以從小練，練拳必須等待十五歲時骨骼基本長成後才可以練，當然把武術當體操練的除外，那是沒得真正傳授，光比畫胳膊腿的。但徒弟十五歲，師傅三十歲，正是他要建功立業的時候，實在忙不過來教徒弟，而且師傅在三十歲時不見得功夫就能成就。就算成就了，畢竟是尚且年輕，心態不見得成熟，難以對徒弟有體貼的指導。

而老了以後，對武功的體驗更深，說一句話便有準，但又有一弊，就是人老心也老，江湖閱歷深了，凡事都有防人之心，教徒不見得會盡心，十句話藏三句，許多當徒弟的就是在這種拖延的考驗中堅持不住，終於沒有學成。

另外，練武體會深，知道的歪路多了，不敢亂說話，以免徒弟誤會，練歪了，所以肯定缺乏三十歲的熱情，講得不會特別生動，跟老人學拳要有耐心。

之所以不准帶藝投師，一是怕別人教過，有別的居心，因為師徒關係的感情很深，好似父子、君臣，以帶藝投師為名，來為以前的師傅報仇，不是沒有這種可能。

二是一旦學過拳，身上的那股勁就很難改了，再學新拳往往練不純粹，就算教了，也難教出來，所以收徒弟都要收甚麼都沒練過的白丁，有俗話講「不怕多能就怕白丁」，意思是白丁學拳，功夫純，往往厲害。

由於許多拳師都是老了以後才考慮收徒弟，這一段時間便錯過了許多人才，練武之人都是十幾歲就練，因為再大就不好練功夫了，遇上一個資質好的人很難，更何況是在他十五歲的時候遇見，所以也往往不太嚴格，只要是這個資質，帶藝投師也是可以的。

但畢竟是破規矩，所以前一個師傅與後一個師傅之間要交接得很清楚，中間有禮法的，如果只是當徒弟的自作主張要投另一個老師，就是欺師滅祖，會遭唾棄，沒人會收他。

李仲軒拜師尚雲祥，是唐維祿的主張，為了他能夠深造，在拜師儀式時也是先向唐維祿磕頭，再向尚雲祥行拜師禮的。李仲軒老人在講解尚式形意時，總要先自述曾向唐維祿學拳，表明自己的學拳軌跡，這是武林的禮法，以示不忘本。

雖然唐維祿與尚雲祥是同門師兄弟，都是李存義的徒弟，是同一個架勢，但尚雲祥有尚雲祥的精細。

拳不能以風格來評說，因為武術不是表演，說其剛猛或含蓄，都離題太遠。要從心法上說，才能區別出究竟，可惜心法又是不外傳的。

李仲軒老人說：「尚雲祥話不多，對徒弟才話多，尚雲祥的話餘味多。」由於時常能有感悟，總覺得自己能破繭而出，感到自己即將對形意拳的認識能有個突破，只是不知契機會在尚雲祥的哪一句話頭上。

一天中午，李仲軒去尚雲祥家。尚雲祥中午幾乎不睡覺，李仲軒也沒見過他睡覺。但他聽單廣欽師兄說過，一個夏天，一個徒弟從窗戶外見到尚雲祥睡覺，有寺廟裡臥佛的寧靜氣派，生起恭敬之心，心裡感慨：跟著尚師傅，就能學出真東西。

這時尚雲祥一下就醒了，說：「我這個人睡覺時不能讓人看，人一看，就醒。」徒弟覺得打攪了師傅睡覺，很是過意不去，尚雲祥笑道：「咱們練武的人練的就是這個。」

這未知先覺的本事，李仲軒問過尚雲祥，尚雲祥說：「簡單，有人走到你身後，你就回頭瞪他，心裡也瞪。」李仲軒剛揣摩這道理，尚雲祥便問：「遇敵好似火燒身，這火是燒在敵人身上還是燒在自己身上？」

這句話的意思是將敵人比做火焰，告誡比武時要出手快收手也快，應該是燒在敵人身上，但尚雲祥説燒在自己身上。

李仲軒那次中午去尚雲祥家，是在屋裡談的拳，尚雲祥坐在木床上，一下抓住李仲軒胳膊，一搖，帶動李仲軒整個身體在晃，李仲軒一下子給驚住了，尚雲祥就歎了口氣：「你是個老實孩子，我這麼抓你，就不知道還手呀？」

李仲軒學武的時間已有幾年，其間也跟人比過武，突然受到襲擊，身上自然會有反抗，可是在尚雲祥手裡像個小孩似的，掙扎了幾下，仍由他搖晃。

尚雲祥放開他後説：「一拳打出去很有力量，但被人擒住就沒勁了，是甚麼原因呢？甚麼地方沒勁，就燒在甚麼地方，你是練拳不練根節呀。」

在形意拳歌訣中講到三節①，對於上肢，三節是腕、肘、肩，根節是肩；對於下肢，三節是腳脖、膝蓋、大腿根，根節是大腿根。有所謂「三星齊，泰山移」之説，三星就是三節，比喻三節整合，力可移山。

李仲軒向唐維祿學拳時，唐維祿回答：「三節是不能練的，你要整個地練拳勁，腦子裡不要想三節，否則陷於一處，就練不出功夫了，等練出了功夫，三節就整了。」

古拳譜上也沒有讓人練三節，只是讓人「齊」三節。尚雲祥並不是讓人練根節，人身是個整體，想單練根節也不可能，只是提醒人，練拳時勁力要走（經過）根節。一個「走」字和一個「練」字，差別的確很大。

然後尚雲祥給李仲軒矯正了炮拳。形意拳的根基是五行拳，配合金、木、水、火、土，有劈、崩、鑽、炮、橫五種拳法，其中與火相配的是炮拳，取開炮的意象，練一股突發力。

據李仲軒老人講，「爆炸力」②是形意拳傳統的說法，而不是某個人的發明。炮拳前手橫架在眉前，後手由面門徑直打出去，攻擊敵人面門，取開炮的意象，稱前手為炮架，後手為炮彈，後手的出拳路綫是直的，而且要有股爆炸力（開始練時可先從彈力③入手）。

但炮拳有多種練法，還有一種炮拳，後手不是直的，而是斜著撇出去，要與曲綫旋轉的步法相配合，尚雲祥給李仲軒矯正的就是這一炮拳。

李仲軒便問為何有如此不同，尚雲祥覺得這種炮拳更能讓人有勁力經過根節的感受。尚雲祥隨後又打了另外四拳，都很不同，看得出都是功在根節，然後尚雲祥比畫了更多的變化，略微一動，就是一種。

李存義傳崩拳時說，崩拳自古有九種變化，再往深裡說，變化又豈止有九種？炮拳也一樣。

打炮拳時，後手不直綫出擊，而斜著撇出去，正是「遇敵好似火燒身」，就像往火堆裡滴一滴油，不是一股火苗跳起，而是整簇大火都跳起，炮拳就是令全身勁力跳起，勁力不在最外的手上，而在內裡的根節，手隨著根節升騰起的勁力揮出。

尚雲祥說：「你看過開炮沒有？開炮的後坐力很大，就是這個意思。」修習了尚雲祥的根節炮拳後，尚雲祥囑咐李仲軒：「這種練法出拳勁快，等有了功夫，後手直著出去、撇出去，一樣。」

李仲軒老人當年在尚雲祥身邊學藝，一次碰到尚雲祥別的徒弟來，說自己也收了徒弟，尚雲祥說：「對那些小輩的人，剛開始要把五種拳法都教全了，練上一段時間後，就要總問他們對哪個拳架有感覺，問得多了，逼著他們去體會。如果有感覺，就集中在一個拳架上往深裡教，一通方能百通。」④

雖然尚雲祥名聲在外，但沒有一個明確的拳路示人，因為學形意拳是要師傅教徒弟一個對一個地帶出來的，就算寫成文字全部公佈，要沒有實際練拳的體會，也難以明白，而且在教拳時有時做一個表情、一個動作，就能讓徒弟搞懂，而轉化成文字則難度太大。

註釋

① 何為三節？舉一身而言之，手臂為梢節，腰胯為中節，足腿為根節是也。分而言之，三節中又各有三節。如梢節之三節，則手為梢節，肘為中節，肩為根節；中節之三節，則胸為梢節，心為中節，丹田為根節；根節之三節，則足為梢節，膝為中節，胯為根節。皆不外起、隨、追三字而已。蓋梢節起，中節隨，則根節要追，三節相應，不致有長短曲直之病，亦無參差俯仰之虞，所以三節貴乎明也。（摘自《曹繼武十法摘要》）

② 起落鑽翻中的爆炸力：起似伏龍升天，落如霹雷擊地。起無形，落無蹤，去意好似捲地風。起不起，何用再起；落不落，何用再落。低中望為高，高中望為低，起落如水中翻浪，不翻不鑽，一寸為先。

③ 起落鑽翻中的彈力：起如鋼剉，落如鈎竿。起者去也，落者回也。未起如摘星，未落如墜月。起如箭，落如風，追風趕月不放鬆；起如風，落如箭，打倒敵手還嫌慢。足打七分手打三，五行四梢要齊全，氣連心意隨時用，硬打

硬進無遮攔。

④ 李存義言：

一形不順，不能練它形，一月不順，下月再練，半年不順一年練，練至身體合順再練它形，非是形式不熟悉，亦是內中之氣質未變化耳。一形通順再練它形自易通順，而其餘各形皆然，一氣貫通。拳經云：一通無不通也。

所以，練形意者勿求速效，勿生厭煩之心，務要有恆，作為自己一生始終修身之功課，不管效驗不效驗，如此練去，功夫自然而成。

使我自驚惕

尚雲祥有腳裂磚石的絕技，施展過幾回，從此便落下「鐵腳佛」的名號。但尚雲祥對這個稱呼很不喜，認為是「年輕時得的，只能嚇唬嚇唬外行」。

李仲軒拜尚雲祥時，尚已是個老人了，慈眉善目非常平和，他先教站樁，名「渾圓樁」，就是兩腳平行站立，雙手胸前一抱。

李仲軒隨唐維祿學過更為複雜吃勁的樁功，往往一站就一兩個小時，雙手一抱就太過簡單，以至於不知該在身體哪個部位吃勁。①

沒料到在尚雲祥面前站了一會兒後，尚雲祥說了一句非常奇怪的話：「你抱過女人沒有？」但是這句令人大窘的話卻使李仲軒隱隱約約有所感悟，渾身一鬆，尚雲祥說：「對了。」

當時有許多形意拳師將五行十二形的拳招拿來站樁，而尚雲祥只讓門人站「渾圓

樁」，甚至連形意拳最基本的樁法「三體式」（就是劈拳的架勢）都不讓站，說過「動靜有別」②的話。

李仲軒在寧河時，青年裡有一種遊戲叫「踢地球」，就是將一個鐵球在腳底下搓著玩，像雜技一樣，十幾個人圍成一圈，傳到誰，誰便來一段技巧。當時李仲軒也把鐵球帶到北京，一次尚雲祥見到他玩「踢地球」，便說這遊戲可以練身手，讓他每天玩玩自有好處，然後又說可以將鐵球握在手中，在胸前畫圓，眼神要跟上，能調周身氣血。

李仲軒從此一手一個鐵球（右手十八斤，左手十七斤），先開始只是覺得手上會多一把力氣，不料每次練完都覺得雙腿柔膩膩的，不久後覺得兩腿像雙手一樣敏感，整個軀體有種「通透感」。

後來知道這種功夫是形意拳內功之一，叫「圈手」，古傳原本是空手的，只有尚雲祥加上了兩個鐵球。

尚雲祥還有一種訓練叫「轉七星」，就是在院子中按照北斗七星的曲綫，釘上七個木樁，讓人繞著樁子打拳，打甚麼拳他不管，就是讓門人體會群鬥時，四面八方來敵的處境，關鍵在步法。至於繞這七個樁子該用甚麼步法，他也不管，甚至還說插樁子也可以不按照北斗七星，隨便甚麼形狀都行。

「轉七星」是形意拳自古就有的，李仲軒一次像練八卦掌似的將「七星」轉得又圓又平，尚雲祥就說：「練拳一驚一乍的不行，動手得一驚一乍，心裡要有數。」③

尚雲祥青年時代結識了八卦掌名家程廷華，程很讚賞尚雲祥的天資，為了共求武學真理，便將八卦掌的口訣傳給了尚雲祥，後來尚雲祥將程派八卦掌傳給了幾個門人，程派八卦就在尚門中有了隱秘的一支。

尚雲祥沒有一招一式地教過李仲軒程派八卦掌，因為拳路畢竟和形意不同，所以也不鼓勵李仲軒學，但常說起八卦掌。

尚雲祥說八卦就是教人「送」，八卦像推磨，凡推過磨的人都知道，要想將穀物磨得細膩，直愣愣地推肯定不行，手上的那股勁得把磨桿「送」出去，送得「平、圓、悠、遠」，還要送出一股向下的碾勁，這股另有的勁叫做「留」。

八卦掌便是有送有留，這不是靠站樁就能站出來的，所以八卦門人不站樁，都是在運動中求「送」、「留」。

尚雲祥以腿功著稱，但是對於腿部並沒有甚麼特別的訓練，或者像他人想像的有甚麼運氣法。腳裂磚石的奇能，是功到自然成。

尚雲祥教授腿擊法時主要是傳授「十字拐」，一種正面蹬踢的動作，還有就是燕形。燕形是一種腿擊法，連環的側踢，又名「二起腳」。有正有側，尚雲祥也就不多教了，除非門人有具體問題來問。

李仲軒當年對於腿法的用勁感到很困惑，總覺得腿一踢，渾身的勁便不「整」了，而且覺得腿擊除了富有隱蔽性外，速度和靈活都比不上手，尚雲祥回答：「腿擊法是身法的發揮，所以練腿先練身。」

尚雲祥說他師弟中，身法④最好的是薛顛。當時武林中傳說，薛顛有一次表演，抬了條長凳放在中央，打第一拳時他在條凳的左邊，打第二拳時他已到了條凳的右邊，他是以極快的速度在瞬間鑽過條凳的，眼力稍差的人看不清他具體的動作。觀者皆震驚，這形同鬼魅的身法，交手時根本無法招架，有幾個想跟他比武的人就退了。

薛顛的身高有一米八幾，氣質文靜，很像教書先生，是當時支撐形意拳門庭的重要人物，他繼承了師傅李存義強調實戰的做派，一生公開比武。由於李存義、薛顛兩代實戰的號召力，使得形意拳得到極大的推廣，還在大城市中印書公開傳授。

但由於公開的只是招法，形意拳的口訣是要面授口傳的，又由於人們比武求勝的心理，許多人學形意拳都是在學格鬥法，對於深一層的道理不求甚解。

當時武林有「練形意拳招邪」的說法，因為許多練形意拳的拳師，一上年紀，腿腳就不好，甚至短壽，還有年輕小伙子練了幾個月形意拳，身體虧損得很厲害，神經衰弱、腎虛各種毛病都出來了。有人便認為是招邪了，但念經符咒都沒用，身體仍一天天壞下去。

李仲軒當年曾問是何原因，尚雲祥解釋：「形意拳是內家拳，練的是精氣神，練功的時候應該把精氣神含住，但很多拳師都在練打人，將精氣神提起來，一發勁都發出去了，還能不短命？不明白動靜有別，身體當然出毛病。」

尚雲祥還說過，俗話講「太極十年不出門，形意一年打死人」，學形意拳的都在學「打死人」，最終把自己打死了。然後告訴李仲軒，打太極要帶點形意的充沛，打形意要帶點太極的含蓄。

李仲軒老人講，形意拳的練法、打法、演法（表演）的口訣都是不一樣的，但現在弄混亂了，用打法去練功，用演法去比武，這是當年形意拳公開傳授後留下的弊病，但按照舊的武林規矩，許多東西又是不能公開的，所以是個左右為難的問題，有待後人去解決。

曾有一個徒弟難以克服比武時的心神慌亂，聽到佛法中有「定力」之說，就向尚雲祥問起，尚雲祥說：「定力就是修養。」並解釋，練武先要氣定神閒，能夠心安，智慧自然升起，練拳貴在一個「靈」字，拳要越來越靈，心也要越來越靈。練功時不能有一絲的殺氣，搏擊的技能是臨敵時自然勃發，造作殺心去練拳，人容易陷於愚昧。

李仲軒老人對尚雲祥的記憶是：尚雲祥沒有一般練武人身上逼人的氣勢，但雙眼清亮，一舉一動都顯得悠然自得，令人自然升起崇敬之心。這種特殊的氣質，是因為他的拳法能涵養身心。

註釋

① 李存義論站樁：

若是誠意練習，總要勿求速效。一日不和順，明日再站，一月不和順，下月再站。因三體式是變化人之氣質之始，並非要求血氣之力，是去自己之病耳（指拙氣、拙力之病）。所以，站三體式者，有遲速不等，因人之氣質稟賦不同也。

② 李存義言：

形意拳以靜為本體，動為作用，寂然不動，感而遂通，是化勁練神還虛之境。明暗二勁，是體用兼備。先將周身四肢鬆淨，神氣內斂，提肛實腹，氣沉丹田；拳式中之剛柔曲直，縱橫捭闔，起落進退之法，練則為體，較則為用。

③ 李存義言：

拳經云：靜為本體，動為作用，寂然不動，感而遂通。化勁練神還虛之用，暗勁之體用是將周身四肢鬆開，神氣縮回則沉於丹田，內外合成一氣，將兩目視定彼之兩目或四肢，自己不動而為體也。若是發動剛柔、曲直、縱橫、環研、虛實之勁，起落進退，閃展伸縮變化之法，此皆為用也。此是與人相較之時分析體用之意義也。

若論形意本旨之體用，是自己練蹚於為之體，與人相較之時按練之而用之為之用，虛實變化不自專用，因彼之所發之形式而生之也。

④ 身法有八要，起落、進退、反側、收縱是也。起落者，起為橫，落為順。進退者，進走低，退走高。反側者，反身顧後，側身顧左右也。收縱者，收如貓伏，縱如虎放也。大抵以中平為宜，以正直為要，與三節法相貫，不可不知。

功成無所用

唐維祿文化程度不高，人卻很文雅，平時總是懶洋洋的，拿著個茶壺一溜達能溜達一天，性子非常溫和。

他教拳遵循古法，要在沒人的地方教，樹林裡都不行，必須周圍有牆，完全與外界隔離，不准第三雙眼看。

這麼一個沒人的院子，不太好找。李仲軒想了半天，覺得只有母系家族的祠堂合適，平時無人去，便在祠堂裡學拳。有一段時間，師徒二人吃住都在祠堂。練的時候只能一人，連師傅也不能看的，有疑問了，才演示給師傅求指點，而且只許在晚上練。

唐維祿說：「想在人前逞能，得在旮旯受罪。」後來唐維祿以前的徒弟總到祠堂來，李仲軒的家人便有了意見，唐維祿就不再來了。

唐維祿家在農村，離寧河鎮有段距離，李仲軒便總是趕到唐維祿家學，有時十來

里路一會兒便走到了，而且人越來越精神，覺得沒走夠。

他把這種感受對唐維祿講了，唐維祿說：「形意拳又叫行意拳，有個行字，功夫正在兩條腿上。」然後給李仲軒講了個故事。

唐維祿的師傅是李存義，李存義當國術館館長時，一天有個人背著口大鐵鍋來了，將鍋往地上一放，跳到鍋沿上打了套拳。可想其換步該有多快，腿功了得。

他表演完後對李存義說：「不知李館長能不能做到？」李存義說：「此種技能接近雜技，得專門練，你的腿功如果真好，跟我比比賽跑怎樣？」

兩人說好，相隔兩丈遠，一喊開始，那人就跑。如果他跑出十步，李存義仍未追上，就算輸了。

不料那人一起步，就被李存義推倒，好像倆人緊挨著似的。連續幾次都是如此，最終那人背著鐵鍋羞愧地走了。

此人沒留下姓名，三十幾歲，被國術館學員們稱為「老小伙子」——有了這件事，國術館學員們知道了形意拳腿功厲害，就肯老老實實練功了。

唐維祿說：「你走遠路來學拳，走路也是練功夫。」李仲軒去得就更頻繁了，即便有時唐維祿不教甚麼，也覺得來回走一趟，很是舒服。

有時在寧河鎮裡突然就碰上唐維祿，原來是唐維祿來教徒弟了，兩人在大街上邊走邊聊，聊幾句唐維祿就回去了，十幾里路跟鄰居串門一般。

李仲軒拜師尚雲祥後，詢問尚雲祥：「唐師只讓我一個人練，不能讓人看見，說是古法，這是甚麼道理？」尚雲祥回答：「沒甚麼道理，不搞得規矩大點，你們這幫小青年就不好好學了。」

年輕人喜好神秘，李仲軒也覺得這麼練形意拳，跟瞎子走路一樣，不在拳、腿，而在全身，晚上更能體會這味道。

一次，尚雲祥帶著李仲軒去訪一個開武館的朋友，武館裡有許多學員在練武，李仲軒就小聲對尚雲祥說：「他們這樣練不出功夫來吧？」尚雲祥很嚴厲地瞪了李仲軒一眼。

離開武館後，尚雲祥說：「這麼一幫人一塊兒練武，得真傳的徒弟就混在裡面。」李仲軒認為他們都沒正經練，問怎麼看出來的，尚雲祥說：「白天練拳，眼睛要有準星，形意拳總是一束一捉，食指尖和小指根來回翻轉，眼光不離食指、小指，全神貫注，這是白天練拳的方法。」

李仲軒便省悟到晝練夜練截然不同，白日練眼，晚上養眼，都是提神的方法，形意拳的關鍵在於神氣。

練拳的人喜歡看別人打拳，不見得在琢磨，如同寫書法的人喜歡看別人寫字，即便是看小孩寫字，見筆墨行在紙上，也覺得是一種享受。

尚雲祥就很喜歡看徒弟練拳，練好練壞無所謂，他也不指點，看一會兒就覺得很高興。他自己從不在人前練拳，卻像京戲票友般，特別愛看人打太極拳、八卦掌。

對於八卦掌，他年輕時得過八卦名家程廷華的親傳，可是即便是個剛練八卦掌的人，他也能一看就看上半天。尚雲祥在一次看李仲軒練拳時，興致很好，忽然說：「其實俗話裡就有練武的真訣。」

他說武林裡有句取笑形意、太極、八卦姿勢的話，叫「太極如摸魚，八卦如推磨，形意如捉蝦」——說到這，尚雲祥就笑起來了，說：「我有別的解釋，太極如摸魚，要如手探到水裡般，慢慢而移，太極推手正如摸魚般要用手『聽』，練拳時也要有水中摸魚的勁，有這麼一點意念，就能練出功夫來了。」①

「八卦如推磨，除了向前推，還要推出向下的碾勁，八卦掌一邁步要有兩股勁，隨時轉化，明白了這兩股勁的道理，就能理解八卦掌的招數為何千變萬化。」②該說形意拳了，尚雲祥卻不說了。

隔了幾天又看李仲軒打拳，李仲軒當時對古拳譜「消息全憑後腳蹬」有了領會，正在揣摩全身整體發力的技巧，打拳頻頻發力，很是剛猛，尚雲祥打斷他，說：「動手可以這樣，練拳不是這樣。」

他說練形意拳時，要如捉蝦般，出手的時候很輕快，收手的時候，手上要帶著「東西」回來，這「輕出重收」四字便是練拳的口訣，千金不易。

有一次尚雲祥看人練拳看得高興，兩手抱在額前，渾身左搖右晃，節奏上好像在跟著練拳的人一塊比畫。李仲軒就問他：「老師您在幹嘛？」

尚雲祥答道：「練練熊形！」

形意拳有十二形，從動物動作中象形取意而出的拳法，極為簡練，一式也就一兩個動作。在十二形之外，還有一式叫「熊鷹合形」③。形意拳的所有招式都起源於它，但傳授時往往最後才教，也往往只說「老鷹俯衝，狗熊人立」，是一俯一仰兩種動態連貫。

個別拳師還有獨立的熊形、鷹形，其架勢與合演中的熊、鷹略有不同。李仲軒問：「您這也是熊形？」尚雲祥笑了，說：「我這個熊形與眾不同，好像狗熊靠在樹上蹭癢癢。」

見李仲軒一臉詫異，又說：「你不是喜歡發力嗎？功夫上了後背才能真發力，有人來襲，狗熊蹭癢癢般渾身一顫，對手就出去了（震倒了）。」

與唐維祿一樣，尚雲祥也是一散步就是一天，喜歡到繁華的地方去。李仲軒說：「唐老師喜歡到有樹有草的地方去。」尚雲祥說：「我有我的道理呀。」

馬路上人很多，人人走的方向都不同，正好練「眼觀六路」，而且視綫打開了，心態也會隨之開闊，尚雲祥逛一圈繁華鬧市，心情反而會很輕鬆。④

尚雲祥晚年名氣已很大，比武、來訪的人非常多，有時想睡個午覺都不行。一次李仲軒跟隨尚雲祥出門辦事，路上，看到兩三歲的孩子打鬧，尚雲祥就停下來看了半天，還蹲下來伸手逗小孩，李仲軒催促他不要耽誤時間，尚雲祥起身說：「我練拳一生，還不如這倆小孩。」很讓李仲軒莫名其妙。

辦完事後，在回家的路上，尚雲祥說：「古人講，武者不祥。練武人太容易陷進是非中，還不如不學武，就算學了，也最好一輩子默默無聞，有一分名氣，便多一分煩惱。小孩想打就打，打完就沒事了，不是挺令人嚮往的嗎？」

說到這兒，他一拍李仲軒，又說：「看來練拳就得晚上練，讓誰也不知道。」

①太極打法五字經訣：

披從側方入，閃展無全空，擔化對方力，搓磨試其功。歉含力蓄使，黏沾不離宗，隨進隨退走，拘意莫放鬆。拿閉敵血脈，扳挽順勢封，軟非用拙力，掤臂要圓撐。摟進圓活力，摧堅戳敵鋒，掩護敵猛入，撮點致命攻。墜走牽挽勢，繼續勿失空。擠他虛實現，攤開即成功。

②八卦掌應敵變化總綱：

動敵之將動，靜敵之先靜，敵剛我柔，敵老我逸，敵退我進，敵動我動，動中觀敵，動中運便，敵來我攻，破攻並進，敵來我解，而後還擊，敵不動我也動。

③光緒二十九年（一九〇三），郭雲深最後一次到山西太谷，與師兄車毅齋等商議十二形拳的排列序次，將龍虎二形作為開始，將鷹熊二形作為結束。龍虎二形把「起落」一分為二，表示演繹，而鷹熊二形把「起落」合二為一，表示歸納。所謂「龍虎為開、鷹熊為合」。自此，龍虎合具形態，而鷹熊成為一招，稱為「熊鷹合形」。

④三性調養法：

何為三性？蓋眼為見性，耳為靈性，心為勇性。此三性為藝中之妙用也。故眼中不時常觀察，耳中不時常報應，心中不時常驚醒，則精靈之意在我，所謂先事預防，不致為人所算，而先失機之虞也。此心應事，如快刀斷水，明鏡照物，斯其靈明之得，漸入融和澄潔境界。平日如此使慣熟，則靜坐時，格外清明，功夫易致，所謂煉己必於鬧處也。

這般清滋味

我年輕時拜師尚雲祥學形意拳，許多年以後，聽說老師的拳法被人們尊為尚式形意。近來有武術愛好者來訪，詢問名為「尚式」，憑的是哪些不同？一時竟找不出簡明詞彙作答。因為當年學拳只求有沒有進益，從未想過這一問題，師徒間閒聊很多，但不曾有尚老師將自己的拳法與別人對比的記憶。

現今人們是如何將尚式形意與別種形意拳作區分，我幾十年一個庸碌閒人，對此毫不知情。根據當年在尚師身邊的體會，尚式形意的形與意，只能授者身教，學者意會，如果勉強以文字描述，那麼形就是「無形」，意就是「無意」。這不是老和尚打無聊機鋒，而是練武事實。

在形上講，有的武術愛好者，一聽到「尚式形意」，首先認為在架勢上肯定有很大不同，糾纏在「前腳是直的還是歪的？後手是抱在腰前還是跟在肘後？」一類問題上。

當然，之所以為尚式形意，招法上肯定有獨到處，但那不是關鍵，它是尚師練武多年自然形成的，絕不是為了開一派，為了有別而有別。平衡匀稱是人體的本能，對老架勢改得再離譜，打多了也會像模像樣，如果這樣就算開一派，豈不成了玩笑？

尚師的名言是「練功不練拳，用勁不用力」。不去探討架勢背後的道理，眼光局限在架勢裡，就是刻舟求劍。有人從力學角度分析尚式形意的架勢，認為改動是為了發力更為合理，或是根據尚師的體型，認為變招是為了適合矮胖人，此說或許有它的道理，可惜尚式形意用勁不用力，從力學上分析，是錯動了腦筋。

從打法的角度去分析，如燕形，別派用的是肩，尚式用的是腿，打擊部位不同，當然姿勢不同。其實，尚式形意的一個燕形打出來，用用肩，又有何不可？它又不是拳擊，下鈎拳只能擊下巴，刺拳只能擊面。一個姿勢擺出來，從頭到腳都能打人，一個姿勢頂一百個姿勢用，這才是形意拳，否則光憑五行十二形那幾個姿勢，又怎麼能成為三大內家拳之一？

而且凡形意拳，一個姿勢都有練法、打法、演法三種變化，書本上沒有，只有拜師後，才能知道周全。書上所謂的固定套路，往往是打法、練法、演法混淆在一起，湊成一套，以它去比較尚式形意的異同，又如何能識別得清楚？比如有的拳譜上的劈拳起手式，是用後手摩擦前手小臂內側，此處有經絡，摩擦起來有健身作用，是練法之一；再如前臂高探平展，兩手慢慢回收，都是在健身，沒法用於比武的。要比較，得三法對三法地比，頗為繁複，本文就不做此工作了。

那麼究竟尚雲祥「用勁不用力」的「勁」是何物？無法直接說清，只能藉助於比喻。用力好比用一個指頭打人，用勁好比用整個拳頭打人——還是說不明白，只好再舉例；形意拳古譜上有一句赫赫有名的歌訣「消息全憑後腳蹬」，如果理解成以蹬腳跟發力出拳，十個人練十個人會震得後腦生痛。至於能不能發出大力，的確能，因為拳擊運動員也是藉助蹬後腳發力的，蹬後腳扭腰，這是發力最科學的法子。不過拳擊蹬的是後腳尖，不會震得後腦生痛。

拳譜上講的「消息」，不是以後腳去蹬力，消息是關於勁的消息。正如經絡，西洋儀器在人體上找不出實據，勁也不能以肌肉的伸張來測度。後腿一蹬，大腿肌肉的力氣，利用人體的合理構造，通過關節，層層加重，傳導到拳頭上——這是力學，用它並不能確切說清武術。

或解釋說，後足一蹬，能將整個身體的重量都集中到拳頭上——可以試試，算一個成年人的體重有兩百斤，用了此法，也不太可能打出一百斤的拳頭。一個五十斤的麻袋，從一米高的距離掉下來，擊打地面的力量會有五十斤。但一個兩百斤的人不能打出兩百斤的拳頭，正如人從一米高跳下，人體的關節構造，能將地面的反彈力疏散，所以不會受傷。當一個人妄圖以體重打人時，人體構造也能將力量分散，任你後腳猛蹬，也蹬不出太多東西。

而勁就好比一個網兜，將一堆散橘子似的人體拎起來砸出去，人的體重就不會貶值，而且還能賺到加速度的便宜，打出超出體重的力量。妙用如此，尚式形意當然要「用勁不用力」了。

只有不用力才能練出勁，因為勁關係到周身上下，一用力便陷於局部，撿芝麻而丟西瓜了。有武術愛好者見到拳譜上寫著「形意拳有明勁、暗勁、化勁」，便以為開始一定要練得剛猛，一練拳便頻頻發力，果然也有成效，打架厲害，聽到「形意一年打死人的」俗話，便以為練對了。其實那跟拳擊手打沙袋又有何區別？練一年拳擊也能打死人，好的拳擊手一拳有七十斤力量，七十斤打在人心口，當然能打死人。

其實拳譜上的明勁，明字除了明確，還有明白之意，是要人「體會勁」，拳力增大是這一階段的必然效果，暗勁是要人由明轉暗，淡忘對勁的體會，讓其成為一種自然反應，化勁是收放自如，暗勁與化勁難以描述，只能勉強說一說明勁。練明勁有個巧方法，要在轉折處求之。五行拳不是練拳，而在練五種不同的勁，所以每一種拳的轉身姿勢都不同。轉身姿勢是為了勁而設立的，多練練轉身，對領悟勁有幫助。

以前有傳聞說，孫祿堂在教徒弟時，碰到了說勁難的問題，就用形意的勁比畫太極拳，以圖對徒弟有啟發，後來自己也覺得有趣，就此創立了孫式太極拳。不管此說是真是假，的確有練形意的人，見到孫式太極拳，所悟很多。

在練勁的過程中，自然會遇到「神氣」的感受，此處不便多談，只有練者心知肚明了。如果從發力的角度講，肯定存在一種姿勢比另一種姿勢好。而尚式形意是用勁，勁練成後，一切架勢無可無不可，所以也就沒有「形」可言。

至於意，造作意念，毀人不淺。以前的拳師由於沒有文化，在沒有得到名師指點的情況下，看到拳譜上的形容詞，就以為是口訣，如見到「四兩撥千斤」，以為要在力學上取巧，有了賊心，就練不出功夫來了。現在有武術愛好者受氣功影響，打拳時，自作主張地加入好多意念，練樁功要「雙手捧起整個大海」，大海有多重？這樣想，只能讓精神無故緊張，長此以往，會短壽的。

再如看到歌訣「遇敵好似火燒身」一句，不明白「火燒身」只是形容，不是狀態，假想渾身著火地比武，會令反應失常，不敗才怪。

究竟何謂意？一個體操隊的小女孩，她翻跟頭不用多大力，也沒甚麼意念，她靠的是練就的身體感覺，感覺一到，便翻成了一個跟頭。形意的意，類同於此，不是在腦海中幻想甚麼畫面，所以意等於無意。

尚師總是要求徒弟多讀書，說文化人學拳快，一個練武的要比一個書生還文質彬彬，才是真練武的。古書裡的上將軍，多是一副書生樣。練武的也一樣，一天到晚只知劍拔弩張，練不出上乘功夫。因為拳譜上許多意會的東西，文人一看便懂，武人反而難了。尚師便是個很隨和的人，面若凝脂，皮膚非常之好，沒有一般練武人皺眉瞪眼的習慣動作。只是如果有人走到他身後，他扭頭瞥一眼，令人害怕。

形意拳之意，比如畫家隨手畫畫，構圖筆墨並不是刻意安排，然而一下筆便意趣盎然，這才是意境。它是先於形象，先於想像的，如下雨前，迎風而來的一點潮氣，似有非有。曉得意境如此，方能練尚式形意。

尚式形意的形與意，真是「這般清滋味，料得少人知」。

曹溪一句亡

稱形意拳為拳禪合一，大約是二十世紀的頭十年，形意拳進入大城市，叫響了這個說法。但形意拳遵循的是道家，想有進境，總要從「練精化氣，練氣化神，練神還虛」上落實，禪是佛家，怎麼也有了關係？

我的體會是，不是拳學，而是教學。

老輩的拳師，像薛顛、孫祿堂那樣文武全才，功夫好文采也好的，畢竟是少數，但一代代傳人照樣教出來，是甚麼道理？

因為學拳講究悟性，不用給整套理論，給個話頭，一句話就悟進去了，甚麼都能明白，這一點與禪宗相似。禪宗有句話叫「三藏十二部，曹溪一句亡」，佛經有百萬卷，但其中的意思六祖慧能一句話就表達清楚了，這句話叫口訣。

比如我第一位師傅唐維祿，曾幾次代薛顛比武，應該說精於技擊。練拳並不等於

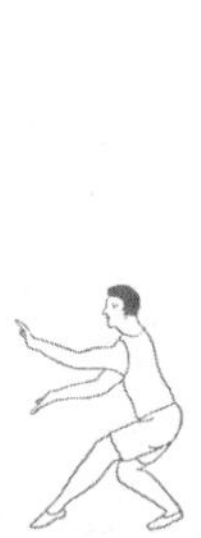

比武，功夫好相當於一個人有家產，比武相當於會投資，從功夫好到善比武，還得要一番苦悟。

一天唐師手裡抬著東西，身邊有人一個趔趄，唐師沒法用手扶他，情急之下，用胯拱了他一下，那人沒摔倒，唐師也悟了，從此比武得心應手。

薛顛是李存義事業的繼承者，李存義去世後，薛顛就任國術館館長，國術館有幾位名宿不服氣，算起來還是長輩，非要跟薛顛較量，薛顛只能推諉。因為只要一動手，不管輸贏，國術館都將大亂。這個死扣只能讓第三者去解。唐維祿說：「薛顛的武功高我數倍，您能不能先打敗我呢？」與一名宿約定私下比武。

唐師對這類爭名的人很蔑視，穿著拖鞋去了，一招就分出了勝負，那幾位便不再鬧了。光有功夫還不夠，掌握了比武的竅門，方能有此效果。

我的第二位師傅尚雲祥，是個所學非常雜的人，甚麼拳他一看就明白底細，瞞不住他，有時用別的拳參照著講解形意。照理說，如果得不到口訣，光看看架勢，是明白不了的，但見了尚師，就知道世上的確有能「偷拳」的人。當然，這是他有了形意的一門深入，悟出來了，所以能觸類旁通。

尚師一次跟我打趣：「甚麼叫練拳練出來了？就是自己能創拳了。你給我編個口訣聽聽。」

跟老輩人學，得連掏帶挖，我雖然創不出來，但為了引他教我，也編了一個關於形意蛇形的：「背張腹緊，磨膝蓋；渾身腱子，蹭勁走。」

他對我的評語是：「一點小體會，不是大東西。」又說：「你瞧程廷華編得多好——別人都說，打人如親嘴，也就是窮追不捨的意思，他卻說，練拳如親嘴。」

尚師解釋，男女嘴一碰，立刻感覺不同，練拳光練勁不行，身心得起變化，這個「練拳如親嘴」把「練精化氣，練氣化神，練神還虛」的大道理一下子就說通了。

尚雲祥曾用形意拳口訣與程廷華交換八卦掌口訣，發現最精粹處是相通的①，因為有這一段因緣，照理尚式形意與程派八卦的門人可以互稱兄弟。

尚雲祥向幾個早期門人完整地教過程派八卦。我沒有傳承尚師的這一路武功，但他對我說過，一般人練八卦，都容易把八卦練「賊」了。其實八卦掌是雄赳赳的，關鍵要從「雙換掌」這一招裡練出來，因為這一招容易體會出「勁力周全」②四字。

尚師講，程廷華打八卦，勁力渾身鼓蕩，感覺不到他在打，只感到他在動。大蟒蛇從頭到尾都蹭著勁，才能爬動得起來，這種威勢，又怎是打一拳、踹一腳所能比的？

形意拳古傳歌訣中有一句「硬退硬進無遮攔」，說的就是這種勁力周全的威勢，不用掄胳膊打，只要一動就有很大的衝撞力，對手困不住你也防不住你，「硬」字是「斷然」之意。

也有「硬打硬進無遮攔」的說法，「打」字不準確，照字面理解就把形意拳說低級了，顯得蠻橫，「硬」字也容易被誤解成胳膊、拳頭硬，一邊捱打一邊進攻。「硬退硬進」就有道理，把「退」字放在前頭，因為形意拳看似剛猛，實則以「顧法」③為根本。顧為退，能不被人降住，方能降人。

老輩拳師多居鄉野，文化程度不高，所傳承的古歌訣多字詞粗陋，大致意思是不錯的，但無法一個字一個字地揣摩，一定得常年跟隨在他們身邊，從身教上學。

他們也不太愛解釋古傳歌訣，只叫門人硬背下來去悟，但那些古歌訣不經點撥，是悟不出來的。脫離開那些歌訣，他們不經意說的話，才是自己真正的體會，非常真切，往往比古傳歌訣還要好。

可惜門人沒有整理成文字的意識，產生出更鮮活的歌訣，只對古傳歌訣寶貝得不得了，這是形意拳的「水土流失」。

當然他們說話，也往往用自己最熟悉的方言來講。比如唐維祿，說打崩拳要「抽筋」，我是他徒弟，我明白，別人就難懂了，沒法傳播。

尚雲祥注重實際，不為古傳歌訣所約束。其實古傳歌訣是怎麼來的？也不是先有歌訣，而是根據實際來的。學拳之悟，不是悟古歌訣，也不是悟老師的口訣，而是藉著歌訣、口訣，有了契機，悟出產生歌訣的東西。

把握住了根本，自己編兩句口訣又算甚麼難事，大海中濺起點水花而已。所以尚雲祥說，能創拳的人才是練出來的人——這不是玩笑話。

再舉一個讀者可以親自印證的例子，明白了要勁力周全，功夫用雙換掌能練出來，用蛇形也能練出來。

「只動不打」是程派八卦的練功口訣，「硬退硬進無遮攔」是形意的古歌訣，尚雲祥還有「練拳要學瞎子走路」的竅門，說瞎子走路身子前後都提著小心，從頭到腳都有反應，練拳不是練拳頭，而是全身敏感。

——千說萬說，都是一個道理，就看做徒弟的能應上哪句話的口味。

① 以下是八卦練功八法，讀者可對比形意二十四法：
乾為頭，頭頸正直，下頜回收，頭頂懸。以接天陽之氣，並使乾坤即泥丸與丹田相通。
坤為腹，腹要實，腰要撐。以使其通泥丸而存精氣。
離為目，眼要平視，視而不見。以達內視而使意念純正，則心空不存他想。
坎為耳，耳要閉，充耳不聞。以使精神收斂而生精。
艮為手，雙掌直立圓對。以接土氣，沉肩墜肘擰臂，以使後肘對心，土氣進中焦入脾土。
巽為股，臀部收斂，大腿彎曲，使身體蹲坐，以養肝木。提肛縮股，裹胯以使任脈下通督脈。
震為足，雙足平起平落，擦地而行以接地陰之氣，並使身體平穩而利於固精。
兑為口，抿唇閉口，舌頂上齶，一使任脈上接督脈，二使口內生津入丹田化元精。

② 八卦圓圈歌：
練藝轉掌是首功，以圈為法要走圓。圈裡為裡圈外外，圈為先天八卦盤。
裡掌要頂指要領，外掌要撐力要全。調理陰陽和氣血，益養精神妙如仙。

③ 顧法、開法、截法、追法：
顧法者，單顧、雙顧、顧上下、顧左右前後也。如單手顧則用截捶，雙手顧則用橫拳，顧上則用衝天炮，顧下則用掃地炮。顧前後則用前後掃捶，顧左右則用填邊炮。拳一觸即動，非若它門之勾連棚架也。
開法者，有左開、右開、剛開、柔開也。左開如裡填，右開如外填，剛開如前六藝之硬勁，柔開如後六藝之柔勁也。
截法者，有截手、截身、截言、截面、截心也。截手者，彼手已動而未到則截之；截身者，彼微動而我先截之；截言者，彼言露其意則截之；截面者，彼面露其色而截之；截心者，彼目笑眉喜，言其意恭，我須防其有心而迎機以截之也，則截法豈可忽乎哉？
追法者，與上法進法貫注一氣，則隨身緊起，追風趕月不放鬆也，彼雖欲走而不能，何慮其邪術哉？

雕蟲喪天真

舊時候學武，總是講拳的多，說功的少。學到拳的是學生，學到功的是徒弟。學到形意的樁功很難，如果師傅不願意傳，往往讓你一站，說點「放鬆」一類的話，就不管了。

比如站渾圓樁，都知道兩眼不是平視，要微微上瞟，但瞟甚麼？瞟來做甚麼？能回答出這兩個問題，才是李存義的徒弟，否則他老人家開國術館，一班一班教的學生很多。

按照李存義的樁法，小腦、腎、性腺都得到開發。所謂「形意一年打死人」，不是說招法厲害，是說形意能令人短期內由弱變強，精力無窮，是體能厲害。

還有一點，叫「傳徒先傳藥」。武家是有藥方的，有練功的、有救命的，自稱是某某的徒弟，先得拿出幾張藥方。唐維祿便有李存義傳的「五行丹」做憑證，此藥化為膏質是一種用法，化為丹質又是一種用法。

收徒弟得有用。我所接觸的李存義的幾個徒弟，都不是嚴格意義上光大師門的人。唐維祿由於後天條件局限，還有性格使然，他可以暗中幫助師兄弟，自己卻不是獨領風騷的棟樑；尚雲祥有自己的路要走，在李存義的教法上別出新意，所傳不是李存義的原樣；薛顛可以說是李存義教出來的「最有用」的徒弟，坐鎮國術館，廣傳形意拳，可惜由於特殊緣故，不用老師的名號。

得到一個徒弟很難，總是這有缺點那有遺憾，但要真得到一個好的，門庭立刻就能興盛起來。

有的時候師徒感情太好了，也不行。規矩越大越能教出徒弟來，人跟人關係一密切，就缺乏一教一學的那種刺激性了。拳不是講的，要靠刺激，少了這份敏感，就甚麼都教不出來了。

所謂「練武半輩子，一句話教給徒弟」，並沒有一句固定的話，指不定哪句話刺激到他，一下就明白了，這就是禪吧？

我從唐維祿門下轉投尚雲祥，並不是唐師沒本事教我，是我跟他太好了。我算富家子弟，易驕狂懈怠，離開家一個人到北京找尚雲祥，心情使然，就能學進東西了。

尚雲祥有為師之道，教徒弟跟釣魚似的。咬不上他的鈎，他就嘻嘻哈哈，一點都不解釋，令人著急；咬上了他的鈎，他就狠勁一拽，一句話說透。我一直很感謝唐師的安排。老輩武師就是這樣，一旦認你做了徒弟，就只為你好，非常無私。

我到了北京後，唐師還總來看我。他不坐火車，都是從寧河一晚上走來的，這份師恩太厚了。

唐師腿功好，孫祿堂腿功好，由於兩人名字都有「祿」字，一度被稱為「二祿」。最終孫祿堂成名成家，唐維祿被世人遺忘，但孫祿堂的門下應該記得這說法。

孫祿堂的腿功，是新聞事件。他和段祺瑞坐敞篷汽車，逆風而行，車速很快。段祺瑞頭上戴著巴拿馬草帽，被風吹走。孫祿堂跳下車追到草帽後再追汽車，司機還沒意識到有人跳車，他就已經回到車上——此事當時有幾家報紙報道。

唐師要是有一件名動天下的事，也不會老死鄉野。不過光靠驚世駭俗也不行。孫祿堂文武全才，樣樣都好，的確是大家。一個練武的人，得甚麼都會，方能有大用。

唐師所傳的樁功，有一個要點，時常渾身抖一抖。傳說狗熊冬眠的時候，每隔幾天，它就自發性地渾身顫抖，否則僵滯不動，身體要有問題。同樣，站樁為甚麼站不下去？就是缺這一抖。

很細緻很輕微地抖抖，就能夠享受樁功，養生了。另外，其實比武發力，也就是這麼一抖擻。如果有讀者從此受益，就向旁人傳一傳唐師的名吧。

薛顛傳的樁功，一個練法是，小肚子像打太極拳一般，很慢很沉著地鼓出，再很慢很沉著地縮回，帶動全身，配合上呼吸，不是意守丹田，而是氣息在丹田中來去。

這個方法可以壯陽，腎虛、滴漏的毛病都能治好。另外打拳也要這樣，出拳時肚子也微微頂一下，收拳時肚子微微斂一下，好像是第三個拳頭，多出了一個肚子，不局限在兩隻手上，三點成面，勁就容易整了。

還有一個方法，站樁先正尾椎，尾椎很重要，心情不好時，按摩一下尾椎，就會緩解。從尾椎一節一節脊椎骨頂上去，直到後腦，脊椎自然會反弓，腦袋自然會後仰，兩手自然會高抬，然後下巴向前一鉤，手按下，脊椎骨一節一節退下來。

如此反覆練習，會有奇效。脊椎就是一條大龍，它有了勁力，比武時方能有「神變」。

注意，這三個樁功都是動的，不過很慢很微，外人看不出來。薛顛說的好，樁功是「慢練」。這些都是入門的巧計，一練就會有效果，但畢竟屬於形意的基本功，練功夫的「功夫」，指的還不是這個。至於如何再向上練，薛顛和唐維祿都各有路數。

尚雲祥把這些方法都跳開，站樁死站著不動，是錯誤的，但他就傳了一個不動的。一次我站樁，他問我「你抱過女人沒有？」我就明白了。這個「抱」字，不是兩條胳膊使勁，而是抱進懷裡，整個身體都要迎上去。這是對站樁「拿勁」的比喻，拿住這個勁，一站就能滋養人。

一天我站樁，尚雲祥說：「你給我這麼待著！」

這一個「待」字，一下子就讓我站「進」去了（沒法形容，只能這麼說）。後來他衝我說：「你怎麼還在這待著？走吧！」身體一下就「開」了。

形意是用身體「想」，開悟不是腦子明白，而是身體明白。與禪的「言下頓悟」相似，等身體有了悟性，聽到一句話就有反應，就像馬捱了一鞭子，體能立刻勃發出來了——尚師是這種教法。

殺人如剪草

開武館，這是民國出現的形式。在這之前，中國民間要麼是禁武，要麼是拳團，就是操練一點實戰格鬥，目的也只是為了對付土匪，離武術的精深處較遠。凡是武師真傳的，人數一定不會很多，三五個人，才能忙得過來，教得透。

廣收門徒，往往就會出現「教拳的多，傳功的少；講招的多，傳理的少」的情況。其實，這不是武師們不實在，而是因為功、理是很「身體化」的東西，得身教方能體會得出，講是講不明白的，靠著在練武場上喊幾句口訣，即便是古代秘傳真實不虛，做學生的也很難體會。

禪宗宣揚「以心傳心」，就是這個道理。要打到學生心裡去，一下子激發他，「以口傳口」是不行的。我們年輕時（二十世紀二三十年代）的武術書，你們看了後，有沒有發現一個奇怪的現象？就是總用口令來標示動作，或是標榜「可用於軍營練兵」。

那時民族危機，外國侵略，武術界的口號叫「強國強種」，希望能為國出力，訓練部隊上陣殺敵，所以許多拳種在教授時一切趨於簡化，嚮往能一教七八百人，一蹴而就，速成。

我的老師尚雲祥，是個外柔內剛的人，處世精明，不受人騙，可同時又很理想主義。我認識他時，他已年近七十，仍時常像青年一樣爆發很大熱情。他很愛國，盼望國家打勝仗，教形意拳時，企圖一説，聽的人轉身上戰場，就能用上。

形意拳傳説起源於岳飛，本就是南宋時代用來訓練士兵的。一定要讓形意拳在現代發揮軍事作用——當時老一輩拳師都在動這份腦筋。練武術的都愛國，當時管武術叫國術。李存義説：「形意拳叫國術，就要保家衛國。」

李存義就親自上戰場，當國術館館長時一直琢磨形意拳的軍體化和速成法。尚雲祥延續李存義的道路，接著向這方面嘗試，晚期所教的拳有了簡化的傾向。他這個「簡」不是簡化拳招，而是想，説一句話，片刻間便令人功夫上身。

後來發現不行，因為每一個人的身體素質、智商悟性良莠不齊，內家拳的要點不在拳招，在於「神氣」——這種非常靈性的東西①，不是動作，無法按照口令操習。而且簡化之後發現對人的悟性要求更高，學起來更難。訓練戰士，還不如按部就班，繁一點好。

雖然此路不通，尚傳形意沒有成為軍體拳，卻從此形成了一種教學風格，拳理一語道破，發揮身教的刺激性。言教總是用眾多的比喻，搞修辭，讓人聽得津津有味，身教則乾脆利落，一個眼神，比畫一下便令徒弟悟進去。學武還是要重身教，也正因為重身教，所以有些行為與禪相似。

禪宗有「話頭」，就是突然一句話把人整個思維都打亂，就開悟了。這個「話頭」從書上看，沒有用，得真人對真人地衝突。尚式形意也有這種「給句話」，這句話本身可能有意義，可能沒意義，就是為了刺激。

先舉一個有意義的。有位跟日本人打過仗的軍官（忘記叫甚麼，很有名的一個人），是個彪形大漢，會使雙刀，聽說尚雲祥研究一種能夠速成的拳術，就來拜訪。

他是真正上過戰場、肉搏過的人，雖然只是粗通拳腳，但這種人反應極其敏捷，一般練武的人是對付不了他的，這就是「上一次戰場，抵十年功夫」的道理。他一副生龍活虎的勁頭，周圍有甚麼動靜，他脖子本能地一激靈，視綫就對了上去，真跟野獸一般。

他為自己的反應能力很得意，說：「我這怎麼樣？」尚雲祥說：「很不一般。但你這樣，反應是反應，反擊是反擊，沒用呀！」他很不服氣，尚雲祥說：「我教給你一個反應和反擊在一塊的法子，好不好？」

尚雲祥就對他說了一句話。

聽完了這句話，軍官就服了，說這個法子太好了，用到戰場上，孬種就成好漢了，非要每個月發尚雲祥一份軍餉，尚雲祥沒要。但那個軍官還真給尚雲祥發了三四個月的軍餉，退回去又送來，最後一個月是從南方寄過來的，那軍官後來也許戰死了，也許落魄了。

至於那三四個月的軍餉是軍官個人付的，還是國家部隊上給了尚雲祥一個編制，就不清楚了。②

尚雲祥對軍官說的這句話，是有確切含義的，是個竅門。形意拳有練法、打法、演法三種變化，尚雲祥說的這句話屬於打法。一個軍人上了幾次戰場，對於實戰肯定比常人領悟得多，但形意拳的打法，是經過了近三百年，幾代人上萬次比武積累出來的經驗，比一個人幾次實戰的經驗肯定要高超，確實有道理，所以能讓那個軍官一下子就折服了。

也正是因為那軍官自身有體會，所以一點就透，說給練了十年形意拳的人聽，可能都沒這效果。不過形意拳的打法，屬於用，其中竅門說上十分鐘，就都說清楚了，不是功夫，只能說是技巧。

有功夫上身，才是拳術。光把形意拳的打法用到戰場上，拚一會兒刺刀還管用，因為比敵人巧，但上戰場時間一長，就不是拚招了，而是拚體能，就必得有功夫。

就是這個問題解決不了——如何讓功夫迅速上身，一下子教會許多人？前輩拳師憂國憂民，是在很費心地想這個問題，不是造個「速成」的幌子騙錢。

我可以肯定地說，功夫是不能速成的，能速成的是打法。但沒有功夫，只有打法，也就只能欺負欺負普通人，上不了台面。

尚門形意追求「功夫速成」，但也要慢慢地練。俗話說「太極十年不出門，形意一年打死人」，練太極拳，要像煮中藥似的，讓藥性慢慢發揮，功夫最終才能有大的成就。形意拳猶如煉鋼似的，一開始要猛火急燒，把鐵礦雜質都去掉，所以得猛練。

可是有沒有仔細想過，猛練，練的是甚麼？形意拳姿勢簡單，五行十二形，一個下午就能學會，為甚麼開始時，一個劈拳要練上一年（天資絕佳又正好處於十六到二十四歲青春旺盛期的人，也要練上四個月）？肯定不是練姿勢，不是練打法，不是練發力。

形意五行拳的順序，是金、木、水、火、土，對應上劈、崩、鑽、炮、橫，為甚麼首先要練劈拳？不會因為它正好處於五行的第一位。為甚麼剛練劈拳的時候，最好能三四百米一路打下去，要這麼開闊的空間？練好了劈拳，為甚麼自發性地就會打虎形了？

練成劈拳後，按照五行的順序應該練崩拳了，但為甚麼要接著練鑽拳？鑽拳的步法為甚麼是螺旋前進？不從技擊，從健身的方面想想？崩拳的「崩」字怎麼解釋，就是一崩勁嗎？其實崩拳的妙處在於張弛。

炮拳總是雙臂一磕，只有出手沒有收手，練出兩條硬胳膊，胡亂一碰，別人就痛，的確可以「硬打硬進」，但炮拳就是練胳膊嗎？其實炮拳有隱蔽的收手，這才是炮拳所要練的精要。

橫拳有不可思議的境界，到甚麼時候方能體會到？

上面這些問題，尚師用一句話就可以回答，這句話是有實在含義的。如果一個人練了很長時間的形意拳，但是不得法，一聽這句話，真是非常舒暢，的確感到好像在瞬間就長了功夫，但這只是在身上通了，身體感覺對了，以後就能自行進修了，但功夫還是得練才能出來。

其實何止太極十年不出門，形意也要十年不出門。猛練，往往還沒一拳打死了人，就先把自己打死了，因為強盛很容易，但要小心「盛極而衰」。強盛了之後，不知調養，精氣神會如江河奔流般地消耗，練武是強身，但往往練武之人會短壽，一過壯年衰老得厲害。

以前練武之人四處尋訪，就是要找名師解決這個「盛極而衰」的問題，所以練出功夫後，不知道還有這一檔子大事，光四處比武爭名聲，是自己毀自己。

武術這東西是很系統的，就算你是一下悟進去的，還是要一點點練出來。否則只知有一，不知有二，只抬腳不邁步，是不行的。

當然，一個人不用功，一輩子練不上檔次，就沒有這個危險，當個業餘愛好，也是很快樂的。

形意拳是「煉拳」，修煉，要與精氣神發生作用，所以形意拳能變化人的氣質，將威武變文雅，將文雅變威武。拜老師，就是找個人能幫助自己由「練拳」過渡到「煉拳」，就不會盛極而衰了，永遠生機勃勃的。學拳重要的是身心愉快。

武德為甚麼重要？因為一個人有謙遜之心，他的拳一定能練得很好。一個好勇鬥狠的人，往往頭腦都比較簡單，越來越缺乏靈氣，是練不出功夫的。

崩拳

這種人，老師也不會教的，說一句：「腦子甚麼也別想啊。」就甚麼也不管了，你也沒法責問，因為有「內家拳的要領是放鬆與自然」做幌子——這都是老師不願教的迴避法，說些貌似有理的話，哄得你樂呵呵地走了。

武術的傳承是不講情面的，不是關係越好教得越多，許多拳師連自己兒子都不傳。你的人品，連老師都贊成你，當然會教你了。練武是「孝」字為先，連自己父母都不孝順的人，沒有人會教他，每日要以「忠義禮智信」來衡量自己，即是忠誠、義氣、禮節、智慧、信用。

一個人有了這種內在的修養，心思就會清爽，悟性就高了。老師選徒弟，主要看他的氣質是不是清爽，混混沌沌，就說明他心理有許多問題沒有解決，或者身體患上了隱疾。眼光沒有一點慈悲，只會兇巴巴地瞪人，可能現在打架厲害，但看他將來，無不是患病早亡——徒弟找師傅也是這個標準。

想著用武術去欺負人幹壞事——太可笑了，折騰不了幾年，就把自己作死了。對付這類人，還有一種迴避法，就是打出「窮文富武」的幌子。

以前科舉，就是幾本書，哪都能借到，不用費錢，而練武得吃好喝好，把自己養好了，而且要提供老師的食宿，把老師供養好了，因為練武必須得身教，師徒最好一塊生活一段時間，所以費錢。

現在的體育運動員拿金牌，沒有物質基礎是不行的，圍著一個人的教練、醫護有多少人？每月的營養品有多少？居住條件有多好？嚴格來說，武術也要這樣，所以盡可以說你的財力不夠，從而拒絕你。

古人的生活很清苦，功夫一樣練出來，不是不要營養，而是有個方法（形意拳的一些內功），不用花錢一樣得來，養不好身體是練不好拳的。

練武的人得會吃，不是說當美食家，吃根黃瓜都像吃了根人參似的，小孩子長身體的時候，不就是這樣嗎？但男人一過四十，就不要強求自己的消化能力了，還是得食品精良。

不過「窮文富武」是個幌子，老師真正看上你，財力不夠不成問題，只要人品好就行，舊時代的拳術名家都是自己貼錢養徒弟，甚麼叫「入室弟子」？吃、住、穿、用，老師都包了。

所以求學，求是求不來的，不如好好地養身體，基本功上了檔次，做好自己這塊材料。

尚師傳拳的特點是「給句話」，多少人找尚雲祥，不奢望能拜師，就是求給看看，給句話。這句話，你程度不到，給了也沒用，引不起效果呀。徒弟處於緊要關頭，老師的話不管用，這是老師有問題。

尚門形意的速成法，就算解釋清楚了。一聽「速成」，就以為不用費心費力，不要資質、基礎，真能短期速成，這是錯誤的。

再說一個軍體拳的故事。中國的軍官知道尚雲祥在研究訓練軍隊的拳法，日本人也知道，就找上了尚雲祥。

日本人知道尚雲祥綽號叫「鐵腳佛」，日本人信佛，但跟中國不大一樣，好像是被砍了頭就不能去極樂世界，那時的日本人不怕死就怕被砍頭，所以拜佛就是求這個，隔著種族，他們的心理很讓我們費解。

那時武術界稱呼個「佛」、「仙」的很多，就是個江湖名號，沒甚麼特別意思，而且尚雲祥對自己的這個名號是很不喜歡的，但日本人一聽綽號有個「佛」字，就不一樣了，所以他們來是畢恭畢敬的。

他們要讓尚雲祥教拳，當時尚雲祥剛寫了本拳論，他們就說要印刷成小冊子，在日軍中派發。尚雲祥一口拒絕，那本拳論也就藏了起來，幾十年過去，可能丟失了，沒傳下來。

日本人總來勸說，每次都很有禮貌，後來突然翻臉了，抓了尚雲祥幾個徒弟（好像是四個），他們都沒能回來。

當時有一種說法，日本人抓他們，不是為了威脅尚雲祥，而是退而求其次，師傅不教讓徒弟教。這四個人到了日本人的榻榻米上，腳下一用力，榻榻米都碎了。日本人覺得真是「鐵腳」，應該是尚雲祥的看家本領，就讓教這個。他們一教，傷筋震骨的，學的日本人，腿都出了毛病，嚴重的下肢癱瘓，一怒之下就把這四個人給害死了。

還有一種說法是，那四個人給抓到日本本土去了，至於他們在日本的情況，就不得而知了。

註釋

① 神氣即內勁。內勁者，寄於無形之中而接於有形之表，可以意會而難以言傳者也。然其理則可參究。蓋志者，氣之帥也，氣者，體之充也。心動而氣則隨之，氣動而力則趕之，此必然之理也。有謂撞勁

者，非也，有謂攻勁崩勁者，亦非也，殆實黏勁也。竊思撞勁太直而難起落，攻勁太死而難變化，崩勁太拙而難展招，皆強硬踞形而不靈也。黏勁者，先後天之氣，日久練為一貫也，出沒甚捷，可使日月無光而不見形，手到勁發，可使陰陽交合而不費力。總之如虎之登山，如龍之行空，方為得體。

② 一九三三年的喜峰口血戰，中日部隊肉搏階段，世傳中方所用刀法是形意刀法，傳自尚雲祥。喜峰口戰役情況如下：

一九三二年，日本在製造偽滿洲國的同時，大造「熱河為滿洲國土」「長城為滿洲國界」的輿論。一九三三年，日軍攻下熱河，隨即分兵攻擊長城各口。

三月九日，服部、鈴木兩旅團聯合先遣隊進犯喜峰口，佔領北側長城綫山頭。駐遵化的西北軍二十九軍宋哲元部一〇九旅旅長趙登禹派王長海團救援。王長海組大刀隊五百人，於晚間攻下喜峰口，大刀隊多數壯烈犧牲。

十日，日軍與二十九軍主力相繼抵達。二十九軍待敵臨近時，蜂擁而出，用大刀砍殺。日軍雖多次進攻，終未得逞，十四日後撤至半壁山。其後，日軍在羅文峪、冷口分別發動過幾次進攻，均遭守軍抵禦而未達目的。

大道如青天

形意拳古有「入象」之說。入象，便是化腦子。到時候，各種感覺都會有的。碰著甚麼，就出甚麼功夫，見識了這個東西，你就有了這個東西——這麼說，怕把年輕人嚇著，但拳是這麼玩的。

分不清，超出了身體的範圍。恍然，跟常人的感覺不同，那時候出拳就不是出拳了，覺得兩臂下的空氣能托著胳膊前進，沒有了肌肉感；兩個胯骨頭，能牽動天地；一溜達，萬事萬物乖乖地跟著……

這都是走火入魔，腦子迷了。但練拳一定得走火入魔，先入了魔境再說。有了恍然，處理恍然，是習武的關口，要憑個人聰明了。處理好，就鯉魚跳了龍門。恍然來了，讓它傻傻地過去，練武便難有進展。

把魔境的好處全得了，所有甜頭都吃了，也就沒有了魔境。形意拳對人腦開發大，

培育智能。人上了歲數練，也很好，把腦子練出境界，方能延壽。一天到晚納悶：「我怎麼這樣了？」——膽子小，就快點找個師傅吧。好多人都是練拳練怕了，所以才不練的。不是不能成就，是不敢成就。

師傅就是你的心態，告訴你：「要當好漢。沒事，這麼辦。」一句話就救了命。師徒感情好，是師傅對徒弟生命的參與太大了，徒弟對師傅有依戀。師徒強於父子。

拜師傅，就是當自己動搖時，找個能給自己做主的人。人是太容易動搖了，世上沒幾個天生的好漢。

尚雲祥師緣不佳，學了一次，就離了李存義十年。但他自己把功夫練出了境界，自己能做自己的主——不是練拳的不知道這有多難，所以尚師是天生的好漢，有絕頂的聰明。

唐維祿幸運，師緣好，一開始就跟著李存義，得的好處一大片，跟上就不走，直到李存義趕他。當時唐師五十左右，李存義說：「再這麼跟著我，你就老了。」說了好幾次，唐師才走。

李存義把尚雲祥找著後，尚雲祥也是見了師傅就不走，給畫龍點睛了。師傅是寶，師傅不趕，徒弟不走。沒師傅了，師兄弟就得扶持，唐師便總找尚師相互印證。他倆說話很嚴肅的，兩個不是文人的人，說出的話高深極了。兩個平時不大說話的人，這時候也就有了口才。外人聽不懂，也不讓聽。

我悟性不高，人也不夠勤奮。回憶一下，年輕的時候，其實跟我的師傅們是說不上話的。能跟他們說上話，得多大修為？基本上是師傅說甚麼，就揣摩甚麼。得著一句話是幸運，弄懂它就難了。體悟到一點，比考上狀元還高興。拳就這麼邪乎，武比文難。練拳得常新常鮮。

小時候，聽大人們講：「失意的人看《聊齋》。」我六十歲以後，《聊齋》不離手，有時感慨，難道我也成了失意的人？

練武人容易單純，要打抱不平，眼裡不摻沙子。《聊齋》講了世上複雜的事，欺詐奸盜，看看，便知道事情遠沒有自己想的那麼簡單。

《聊齋》中都是被冤枉的人，心有苦衷，看看，能找到共鳴，便緩和了情緒。書裡怪話多，怪話就是真話，怪事多有隱情。

薛顛讀《易經》，沒教過我。但年輕時畢竟受了影響，這些日子就想讀它，也不知道怎麼回事，家裡就有了本《易經》。很破，封面都沒有，幸虧裡面不缺頁。一天到晚看，後來這本書不知道怎麼回事就沒了。年老不管家，家裡人一收拾東西便再也找不著了。

總算晚年，過了幾天讀《易經》的癮。我也是直到自己老了，才明白了年輕時就知道的老理。此書對人生有好處，甚麼感慨都在裡面，猶如練拳化了腦子的人，一切清晰了。薛顛讀它是有原因的。薛顛的程度，我不敢推測，神鬼難知。

要珍惜時光，真正練進拳裡去。得點智慧，人生就有了改觀。找師傅學倆狠招——沒人理會這閒茬（次要），找師傅就是找個人把自己腦子化了。化腦子沒法寫，寫了也寫不完，捅開這層窗戶紙，形意裡面的好東西多了。

化不了腦子，乾著急，這輩子等於白練了。練武的多，化腦子的少。化腦子的人裡，得點甜頭的多，化完的少之又少。

傳拳不傳意。技術可以傳授，經驗沒法傳授，頂多能感染一下。這個意，不是想出來的東西，而是得來的東西。一刻意就沒了，不知道怎麼回事就得了。

講一點技術。唐師去世前囑咐我照顧他的老朋友，他們出了事，一句話我就到了。其中有張克功、劉三丫，都是燕青門元老。鐵襠功是內養，坐著練的，要有綿綿彈力，方可上下滋養——這是燕青門的東西，我說不太好。

形意的樁功是站著練的，床上也有樁。躺在床上用兩腳打劈拳，不真動，感覺上動著就行了。打劈拳時，要吸著手心，同樣，腳心也吸著。第二天站著打拳，感覺會全然不同，有了如犁行的味道。人整片整片地行進，飄然勻實。形意的勁道妙在腳心。

平躺時，呼吸不順暢，馬上一側臥，氣一下順到腳。在床上輾轉反側，是在練呼吸——會了床上的樁，也就會了溜達。先以形調氣，日後，用腦子練拳時，呼吸也會起變化，不是「升降吞吐」所能概括的。呼吸一微妙，生理就微妙了。

到了季節，貓會叫春——這便是雷音。功夫到了季節，自然會有雷音，不能管它，只能由著它。從身子深處出來了，等著它再落下來，不能管，管了會炸肺。雷音有時有聲有時沒聲，是一種匪夷所思的呼吸，化了腦子後才會有此現象。

雷音不能強練。比武時發聲，對發力多少有點幫助，但雷音主要是腦子調身子時的現象。

形意拳有「隨手蛇形」的說法，就是說練蛇行要練到功成自然、一動就來的程度，那時人就可以順著蛇形出變幻。也要順著雷音走境界，出聲便是出靈感。隨上雷音，一日千里。

長劍掛空壁

形意拳的內功從何開始？說出來惹人笑話，從大小便開始。形意拳的架勢好理解，所謂外五行就是那麼幾個架勢。還有內五行呢？一個人對自己的五臟六腑沒有體會，便沒法練形意拳。

我一個師兄外五行的架子很剛猛，結果唐師笑話他，說：「捱打的拳，練拐了。」——這句話也是從李存義來的，李存義一看到別人練的不對路子，就這麼說。

捱打的拳，一是打法不靈，光會動蠻力，別人找對了擊打你的方向，一下就把你甩出去了。二是光在肌肉上長功夫了，不會在五臟六腑長功夫。那麼功夫還是虛的，就好像窗戶紙，好像有個門面，其實一捅就破，打這種人，一兩下就能把他捅趴下。

人很難體會五臟六腑的，先要在大小便的時候「閉五行」，即閉目、咬牙、耳內斂、鼻靜氣、腦靜思。

大小便時因為體內有運動，就牽扯上了五臟六腑。對五臟六腑有了體會後，不大小便的時候也就能閉五行了。閉五行好處多，在坐公共汽車時，閒散時間裡，都可以閉五行。尤其是在早晨起來時，醒後先不要急於起床，閉一會兒五行，就是形意拳的長壽之法。

我有九旬之壽仍可以有吃大魚大肉的胃口，這就是閉五行的功效。希望讀者先從閉五行中找到一點內功的味道。

我從小是個戲迷，年輕時跟隨評劇名家高月樓，發現了一個現象，每回演戲演員們都是一身汗。他們演文戲時沒有多少運動量也是一身汗。這一身汗是怎麼來的？是發聲發出來的。

因為有這個經驗，所以我對形意拳的發聲格外留意。前面講的閉五行是形意的內功，雷音也是內功，是五臟六腑的功夫。說「沒甚麼，就是比武時嚇唬人的」——這是應付外行的話。

我所處的時代，武林規矩大，來客要陪吃陪聊，臨走要送路費，就算客人有錢這個路費也一定要送的。人窮對朋友不能窮，這是祖上定下的規矩。師傅教徒弟，先教出來一個清白知禮的為人，才能造就人才。

形意門不但是槍法，劍法尤為精妙①。現在的年輕人可能不知道了。我的劍法開始是跟唐師學的，後來在尚雲祥門下深造了一下。

尚師家中掛槍，他有一把刀，說：「這刀吃過鬼子的血。」唐師對我說過：「當年，你尚師傅可是把洋人一場好宰！」

李存義和尚雲祥殺洋人②，是殺一場就躲幾天，所幸沒有發生意外。拿日本使館的人開了殺戒③，後來是白種人也殺。李存義的刀法用刀尖，也等於是劍法。

形意拳的劍法叫六部劍，何謂六部？清朝的官制有六部，天下就可以治理了，就是說方方面面都照顧到了，比武就可以制人了。

六部，就是上下左右前後。練形意拳的劍法，可不只是一根劍呀！方方面面都要有東西的！形意拳的劍法刀法都用尖，但並不只是一個尖。形意拳又叫六合拳④，六合就是四圍上下。還要練出隱藏的劍尖，一遇非常，可以八面出鋒。

練拳也是要四面八方地練，一個鑽拳出去，在練的時候，不是只衝敵人的下巴，全管。這樣才能隨機應變。有的拳師教徒弟，讓他們先傻練著，漸漸有體會後，教劍法時再把這個四圍上下的道理點透。學劍是習武的關鍵。

薛顛《形意拳術講義》的篇首口訣，便是說四圍上下，不是玄理，而是具體練法。

「內中之氣，獨能伸縮往來，循環不已，充周其間，視之不見，聽之不聞，潔內華外，洋洋流動，上下四方，無所不有，無所不生。」

這已是形意的妙訣了，讀前輩文章，這些地方都要讀進去。我只會說點碎嘴閒話，水平所限，能把些東西講得有點「呼之欲出」的意思，便自我滿足了。

至於劍法，劍法只談一次，好壞就是這一次，從此不負責了。

《紅樓夢》是「滿紙荒唐言，一把辛酸淚」，荒唐言是假事，辛酸淚又是真哭，真的假的在一起，練形意也是真的假的在一起。形意的功夫要在身內求，劈、崩、鑽、炮、橫聯繫著心、肝、脾、肺、腎，但有時也要在身外求，炮拳要在桿子上求出來，還有一個求法，便是練「泥巴小人」。

下面的是怪話，只說一遍，權且一聽。假想有個泥巴小人，鑲在遠處的風景裡，只是略具人形，有個大概的胳膊腿，但是要有五官，有五官就有靈氣。

這個泥巴小人懸在半空，它的眼睛和你的眼睛是平齊的。你睜眼閉眼都可以，只要動上心思，讓這個泥巴小人打起拳來。打起拳來，連泥帶水的，這塊泥巴時而黏膩，時而鬆滑。

這是做白日夢，小人是假的，但你又能感到泥巴由黏膩變鬆滑，由鬆滑變黏膩，又很真。這便是「滿紙荒唐言，一把辛酸淚」了，假作真來真亦假。

形意拳是「有感而發，隨感即應」，練出了初步的勁道後，要趕緊往「敏感」轉化，否則便練偏了，泥巴小人是敏感的練法。形意的劍法名「六部劍」，便是在四圍上下裡找感應。

六部劍沒有招式，如果非要說招式，就套上五行拳的拳招，來蒙蒙外人。六部劍不要求站姿，立正的樣子就可以了，只是在拔劍的時候有一點講究。拔劍的瞬間，要感受到全身的毛孔都張開了，周身都在聽附近的動靜，能聽得遠當然更好。

六部劍如老道作法，將劍探到空中，上下左右前後地慢慢劃動。那個泥巴小人，此時要黏在劍尖上，要想著它比你敏感十倍，探測著周圍。

如此這般地畫圈，泥巴小人不知道怎麼回事，變成了塊翡翠，晶瑩透亮。再繼續畫圈，在劍尖上的翡翠小人，轉瞬間變成了一星劍光，劍光鮮亮潤澤，隨著劍的劃動，在劍脊上來回滑動。

持續一段時間，如果附近沒有動靜，劍光就是流暢地來回滑動，如果略有動靜，劍光如同人的脈搏般，會很輕微地跳一下。如果周圍的動靜異常，不管遠近，劍光都一下出去了，心思不要跟著劍光走，只要用整個身體去聽劍光的回聲就行了。

李仲軒於家中

李仲軒演示劍法

用整個身體去聽——對此，常人也有體會，比如第一次擁抱女人時，會感覺非常異樣，那就是用整個身體聽了一下。以後往往沒這感覺了，因為不慎重了，所以就不敏感了。又歡喜又害怕，這是出敏感的狀態。

練此劍法，要像小孩做遊戲般鄭重其事。女孩給布娃娃看病，能在布料上摸出心跳來，男孩扛木頭槍，能扛出鋼管的重量來。六部劍太怪了，不好理解，只當是個遊戲吧。

六部劍的收勢，是將劍插回劍鞘，此時小腹丹田中要微微吸一口氣，全身的毛孔也收斂了。劍身完全入鞘時，要想像劍柄彷彿是自己的師傅，非常恭敬，如同師傅真在。懷著恭敬之心，將劍在牆上掛好，才算完畢了。

另有三個小玩意，可以融在上面一套中練，也可以專門單練。

一、泥巴小人在劍尖上，很黏，甩也甩不掉。轉劍時要時不時地兩膝一頓，看看能不能把它震掉，兩膝一頓，是半步崩的樣子，結果任你怎麼震也震不掉。

二、翡翠小人在劍尖上，很滑，太容易掉了。轉劍時要時不時地調調手腕，以免掉下來，緊急時，手腕子要抖，是轉環崩（崩拳的一種）的樣子，結果有驚無險，就算掉了，也要能把它從半空中撈起來。

三、劍掛在牆上，自然地傾斜，猶如北斗七星斜掛在天上。掛好劍後，自身就成了北極星，是七星的中心，不管走到哪裡，牆上的劍都要跟著你轉。有時能帶動掛劍的整面牆一塊轉，有時只是劍轉。

這都是精神飽滿、內氣充沛時的遊戲，如果身體有病、精神萎靡，就玩不起了，一玩便傷。不管劍法多麼奇怪，最後都要回到五行拳中來。練形意始終以五行拳為主，便不會有偏差了。

註釋

① 光緒十四年(一八八八)，李洛能八大弟子之一的車毅齋在天津以形意劍術擊敗日本武林高手板山太郎，名聲大震，清政府特授予「花翎五品軍功」，以示嘉獎。

② 指的是在一九〇〇年六月，八國聯軍進北京期間。之前李存義帶尚雲祥在河北、天津戰場殺敵，李存義在《形意真詮》序言中寫道：「余自學形意拳以後，入鏢業謀生，兼授門徒。於庚子之役親率門人參加張德成、劉十九等人所組之義和團，抗拒洋鬼子侵略軍於天津老龍頭火車站。我們用單刀劍戟殺敵，洋人望風披靡，實仗練形意拳之功和膽壯氣盛勢雄，乃能視敵如草芥也。」

《辛丑條約》簽訂後，李存義受到清廷通緝，潛逃。

③ 一九〇〇年，八國聯軍向北京進犯以及大沽炮台被攻佔的消息傳到北京，激起民眾的無比憤怒。民眾先後將在京挑釁殺人的日本使館書記生杉山彬和德國公使克林德處死。《辛丑條約》中規定了「嚴刑懲兇」，曾多次指明索取人頭。按照條約規定，清政府派親貴那桐到日本，以謝書記生杉山彬被殺之罪。李老形容李存義、尚雲祥殺日本使館的人是刺殺，不是聚眾處死。杉山彬的具體死亡方式，以及李存義、尚雲祥師徒與此有何關聯待考證。

④ 何為六合？肩與胯合，肘與膝合，手與足合；心與意合，意與氣合，氣與力合。內陰外陽，內外貫為一氣也。最為要者，前後各六勢，六勢變為十二勢（即十二形也），十二勢仍歸於一勢（即一氣也），且又有剛柔之分也。剛者在先，固徵其異，柔者在後，尤寄其妙。亦由顯入微，由粗得精之意也。（摘自《曹繼武十法摘要》）

我與日月同

形意拳是「事少而功多」，方法簡單而功效大。熊形理順臂、肩、頭三者的關係，先找一個西瓜，單手托在右肩上。右手臂摟著，要防止西瓜滾落，手心和肩頭要相互照應。

找到這個體會後，就把真西瓜去了，摟著個空氣的西瓜，掌心對著肩井穴，掌根對著耳朵，這樣腕部就有了一個弧度，自然地向裡。

肩膀和手心一照應，大臂、小臂就繃圓了，肘尖不能揚起，要如弓上的箭，在勁上縮著。要體會出空氣西瓜的重量，肩和手心細微地控制著它。

右肩上的空氣西瓜有了真實的重量，身體為了維持平衡，左邊的腋窩就張開了。腋窩的開張，是用拳的關鍵，張開不是無限度，如狗熊夾玉米棒子。

左胳膊是斜垂著的，腋窩一張，手就抬起來，再一夾，手就向前了。狗熊掰棒子，隨夾隨掉，所以腋窩的開張也是很靈活的。如果把夾、張做快了，或者說把腋下的玉米棒子擰一下，拳勁就旋起來了，練好了這感覺，整條胳膊就活了，打拳就能拐彎。

熊形是左右互換，也就是西瓜和玉米棒子互換。練了熊形，自然就能對轉環崩有感悟的，我們的拳是一個拳補充另一個拳，一個拳裡有所有的拳。西瓜和玉米棒子，我們叫「虛運一個形」。其實這秘密，王獻之早就講出來了。

王獻之在寫字時，王羲之從後面過來，猛地抓他的筆桿，竟然沒有抓動，王羲之就說這個兒子掌握了書道的秘密。

書法握筆，指頭在筆桿上使力，反而使不出力量來。手心要像握著一個雞蛋，下筆時催動這個虛運出來的雞蛋，字方能力透紙背，如有神助。

不是說王獻之寫字死扣筆桿，幾根指頭是抵不住王羲之奮力一拔的力量的，而是說王獻之手心虛運出一個形，這個形有了實感，手中的筆別人就拉扯不走了。

王獻之練一隻手，我們練整個人，形意拳是大書法，這個虛運之形，身上曲折成空的地方都要有。

形意簡單的練法就是練「辶」，這個部首叫「走之」。「、」這一點，就是沉著，拳要先練這個勁，一沉能著上，著上就是一沉。身子往下一沉，手能著上對方，千招萬勢都可以這麼打人。

有了渾身一沉，看懂八打歌訣，渾身能沉能著。但做一把死錘子，光錘這一下也不行。沉下去，還要能起來，但這一起可就鳳舞龍翔了，一把錘子變成十八般兵器。「、」要扯成「辶」——這是身法變化，也是勁催的。轉七星，有了一沉再轉，就能從一沉裡轉出新東西來。形意拳在「走之」裡。

另有一個熊形的要訣——狗熊人立。狗熊展腰方能立起，肩上托西瓜也要挺腰，才能撐住西瓜的重量。狗熊人立時，腳跟不著力，使用前腳掌支撐。重心放在前腳掌上，才能發力，後腳跟是虛的，輕易不實。

習武要先從弱點上練起，從失衡處下手。一般人都是右重左輕、頭重腳輕、前重後輕。站熊形一開始要體會出自己的失衡，自己搞懂自己，右邊重了，便要在左邊加力量，或者將右邊放鬆——這是熊形的輕重訣。

唐詩宋詞清對聯，因為清末要有場大變，人處動亂中，對平衡很需要，所以出了對聯這種奇怪的文體。

熊形正如對對聯，左右字字不同，但字字相應，如果相應不上，便有疾病。校正熊形，正如文人構思對聯的情景，身上一分一寸都要對上。對聯有橫批，是點睛之筆，左右對上了，精華在頭部，站熊形時頭部是活的。

熊形最後要集中在兩個小腿肚上找輕重。小腿肚就是毛筆的筆肚，彈性都在裡面。熊形的提頓就是毛筆的提頓，提頓是古人發現的微妙。天地生萬物，也是這一提頓，世間巧到極點的工藝，都是這一提頓。

輕重訣後是水火訣。水消滅火，火消滅水，上下、前後、左右要相互抵消，都抵消掉了，就整身和諧了，所謂「為道日損」。輕重訣只是力感，水火訣是氣感。力感調對了，才可敏感到氣，此時的氣才可用。調不好力感，便只有亂氣錯覺。

熊形要形完氣厚，站熊形要有氣感，所謂「日久生情，靜久生氣」。會覺得上下身、前後身、左右身的氣感不同，有清濁、爽膩、溫寒的差別，便要讓這不同的氣感相互抵消掉。

輕重訣凝成一股力，水火訣凝成一團氣。輕重訣和水火訣，關鍵要在行拳時體味，行拳時的力感、氣感更迅速微妙，所以我們不叫打拳，叫打功架，注重的是功。

水火交融，產生風雷。拳打得很快，也許體內的輕重、水火是緩緩交融的；拳打得很慢，也許身內的輕重、水火交融猛烈澎湃，或是靈犀一動，立時安寧；有時候要強撐硬挺，打開個局面後，再緩和下來。一咬牙，就海闊天空了。

總之，以內為主，外面出現甚麼狀況，就是甚麼狀況了。不要死摳外形，死於形下。由外在形體求內在精神，是刻舟求劍，由內在精神通達外在形體，是一步登天。

西瓜是瓜心最甜美，因為是水火交際處，此處有風雷。每天吃一口西瓜心，能提神醒腦，順心順氣。這一口就是最好的營養了，桃子也好，桃尖外凸，上接天氣，桃底內凹，含著地氣。

桃花沒有味道，有也不好聞，但桃子熟了，氣味濃鬱如酒，通天地之氣，可以感染人。唐師說，練拳時，是「電插頭插在插孔裡」，裡面得通上——這就是風雷訣。

身體中軸綫裡得了電流，就能治早衰症了。水濺到爐子上，「刺啦」一響，這一響就是內功。這「刺啦」一聲，所有的營養都在裡面，雷音一響，大地回春，萬物一瞬間都有了生機。有情況，斟酌情況，就峰迴路轉，體質也就有了轉機。

天上的雷也是這一響，形意拳拳譜中凡是提到「雷」字的，都是內功。見到女孩子，滿心歡喜，同時也觸目驚心，這也是「刺啦」一響。內功要動情，無情就無生趣了。情是情況，動情是出情況，很舒服也很可怕，美妙和驚險同在。

打熊形跟看病似的，病人呆坐，只能看出個大概，得讓病人活動一下，出點聲，就能看出潛伏的毛病。同樣，光站樁，身體狀況還不明顯，得活動起來。

練熊形要先把自己當成一個重病患者，這個身體已經經不起折騰了，要很小心地體會自己——這是孔子講的「慎獨」，知道自己在幹甚麼，知道自己怎麼了。

讓身體先動起來，好壞先不管，但好壞要知道。我們稱孔子為「孔聖人」，他的道理是總括一切學問的，「慎獨」二字是孔子死後，他的重孫子思披露出來的，叫「孔門心法」。

練拳要慎獨，要像看戲一樣看自己的緩急、得失、偏正、冷暖，但不要馬上糾正，要像一個觀眾，不管戲好戲壞，總得由著演員把戲演完。

練拳等於演大戲，高明的戲子在演戲時，就明白自己的好壞了——要學會這個，這是練拳時的用心之法。此時要身心分離，心把身子放出去。

書法要空掄，在下筆前，要有不落在紙上的動作。如寫一個小字，空掄時大橫大撇，是寫大字的規模，只不過落在紙上的是一個小字——這是「字」大於形。

練形意一掌劈出，不能僅止於掌上，要力所能及地放出去，這是「意大於形」，是形意拳正常的練法。而慎獨的練法，要身心分離，將意縮成最小，君王退位，百姓自理，讓身體自己成方成圓，如特務跟梢，不能驚擾了目標。

詩人觀風景會有名句自然湧上心頭，其實人與風景之間沒聯繫，無直接作用，但

李仲軒於家中

李仲軒演練拳術

人可以感悟風景。形意拳是天成的一片風景，要體察它，不能練它。拳是我練出來的——錯，拳是碰到的，冷不丁發現的，意外相逢的，而且永遠天外有天。

打形意拳，會覺得自己渺小，人在高山大海前也會自感渺小，油然而生敬畏之心。高峰墜石、浪遏飛舟——這種天地間的驚人之舉，在形意拳中都有。

大自然裡有的，形意拳裡都有——這是真話，王羲之是書聖，他說自然裡有的書法裡都有，聖人是這樣見識的，我們凡人也能體會出一點點。①

書法寫在紙上，是有跡可循的，書法尚且如此，更何況是無跡可循的拳？這不是玄談，是最基本的拳理，是我們的起點。

經絡不能亂想亂串，亂動心就把身體串壞了。不要一上來就串經絡，我們只做六個方向，不東扯一條綫，西鑽一個眼，我們是做出一個空間。

沒那麼繁難，輕重、水火、風雷六個字就可以練功夫，可以一直練下去——這是以功夫從《易經》中驗證出來的道理。

十年寒窗出一個讀書人，七代出一個貴族，三百年出一個戲子。大戲子被稱為「妖精」，的確如此，能驚天動地，能顛倒眾生。他有絕頂聰明，一個意象很快就抓住，看到甚麼，想到甚麼，身上就有甚麼——這便是習武的資質了。

我們收徒弟，要在天才戲子中再挑選——也不可能，寧缺毋濫，得一個好徒弟，真是祖師爺顯靈了，不衰你這一脈。

這裡面的道理很深刻，練形意的人通過練拳，漸漸地就感知天命了，風水相術不用刻意去學，自己想想，就能明白個大概。

形意進入了高功夫，必定慈眉善目。甚麼是慈悲？這個人感知了天命，思維和常人拉開了距離。甚麼是悟性？悟性就是感天感地，把天地間的東西貫通在自己身上。

形意拳到了高級階段，沒有具體功法了，都是談天說地。唐師不識字，生活範圍窄，但一談起拳來，也是天南地北的，令人感到很奇怪，他怎麼知道的？但他就是知道了。

形意拳不是人教的，是天教的。我下象棋總能贏，別人說我算路深，其實我一步都不算，全是想當然，這是練形意拳得來的益處。

註釋

① 草書成就最高的是「顛張狂素」二人，張旭的書法是從觀公孫大娘舞劍中悟出的，論懷素的字，則用湖光山色。

杜甫《觀公孫大娘弟子舞劍器行（並序）》：

……昔者吳人張旭，善草書書帖，數嘗於鄴縣見公孫大娘舞西河劍器，自此草書長進，豪蕩感激，即公孫可知矣。

昔有佳人公孫氏，一舞劍器動四方。
觀者如山色沮喪，天地為之久低昂。
霍如羿射九日落，矯如群帝驂龍翔。
來如雷霆收震怒，罷如江海凝清光。
絳唇珠袖兩寂寞，晚有弟子傳芬芳。
臨潁美人在白帝，妙舞此曲神揚揚。
與余問答既有以，感時撫事增惋傷。
先帝侍女八千人，公孫劍器初第一。
五十年間似反掌，風塵澒洞昏王室。
梨園子弟散如煙，女樂餘姿映寒日。
金粟堆前木已拱，瞿塘石城草蕭瑟。
玳筵急管曲復終，樂極哀來月東出。
老夫不知其所往，足繭荒山轉愁疾。

懷素《自敍帖》摘抄：

奔蛇走虺勢入座，驟雨旋風聲滿堂。
初疑輕煙澹古松，又似山開萬仞峰。

寒猿飲水撼枯藤，壯士拔山伸勁鐵。
筆下唯看激電流，字成只畏盤龍走。
志在新奇無定則，古瘦灕澌半無墨。
醉來信手兩三行，醒後卻書書不得。
心手相師勢轉奇，詭形怪狀翻合宜。
人人欲問此中妙，懷素自言初不知。
粉壁長廊數十間，興來小豁胸中氣。
忽然絕叫三五聲，滿壁縱橫千萬字。
馳毫驟墨列奔駟，滿座失聲看不及。
遠鶴無前侶，孤雲寄太虛；狂來輕世界，醉裡得真如。

掩淚悲千古

筆者在一九八七年買過一本中國書店出版的《形意五行拳圖說》，也是從那一年開始練形意拳的。那時還是個初中小孩，教拳的老師名李仲軒，已七十三歲，會點穴按摩。當時曾問李老師是武當派還是少林派，他只說是「尚雲祥的形意拳」。

那時，李老晚上為西單的一家商店看店，便把筆者帶過去，在一片家用電器的空場中練拳。白天練拳較少，只在星期天的中午到宣武公園裡練。

其實每一次見面他幾乎都不教筆者甚麼新的，只是在一旁看著筆者練。筆者有時賭氣說：「你要再不教我，那跟我在家裡一個人練又有甚麼區別？」他總是笑而不言。

他後來說，現在的年輕人比他們那一代要嬌嫩，至十六歲骨骼仍未堅實，所以不要練得過勤，否則傷身，說：「七八歲開始練童子功的，是學唱戲的。」

李老講他十幾歲時第一喜歡唱戲，第二喜歡練武。當時家在寧河，請了一位武師

在母系家族的祠堂裡教拳。一次他練完拳後覺得渾身爽快，一高興便唱起了京戲，結果遭到武師的痛罵。

說練武後連說話都不許，否則元氣奔瀉，人會早衰早亡的，更何況唱戲。那位武師名唐維祿，薛顛剛當國術館館長時，對於有的挑戰者因礙於輩分情面不好出手，有一兩次是唐維祿代為比武的。

唐維祿以腿功著稱，他最佩服的人就是師兄尚雲祥。尚雲祥傳下的崩拳裡有一個類似於龍形的跳躍動作。

一次唐維祿和尚雲祥一塊去看戲，時間晚了，倆人便抄沒人的胡同走，好施展腿功。唐維祿人高腿長，疾走在前，尚雲祥身材矮胖，落後幾步，以崩拳一躍就超了上來。

唐維祿有一個李存義傳的藥方叫「五行丹」，是比武受傷時救命用的，形意門中得此藥方者不多。唐維祿將那藥方傳給了李仲軒，讓他受了自己拳術、醫藥、道法全部傳承，為衣缽弟子。但唐維祿認為自己只是一個沒有名頭的鄉野武師，為了讓自己的徒弟能夠深造，便請求尚雲祥收李仲軒為徒。

當時尚雲祥年事已高，所收的徒弟都有徒孫了，傳承已有兩三代，而李仲軒當時還未到二十歲。對於唐維祿的請求，尚雲祥說，收徒可以，但李仲軒將來不要再收徒弟，否則我這門的年齡與輩分就亂了。

李老跟隨尚雲祥學藝的時間並不很長，是斷斷續續的兩年。據他說在拳術未成時，為謀生計去了天津，一直忙忙碌碌。尚雲祥謝世後，漸漸地便與武林少了來往。

李老當年對筆者說：「之所以教你練拳，是覺得你學武的熱忱不會持續多久，就先暫且教教。」現今回想起來，他的晚年極其落拓寂寞，可能只是想藉著教小孩來給自己找點生活樂趣。

筆者買的那本《形意五行拳圖說》的作者靳雲亭也是尚雲祥弟子。可李老教的拳架和《形意五行拳圖說》影印照片上的姿勢相差很大，主要是沒有靳雲亭表現出來的那種左右撐開，上下兜裹的橫勁。

李老說先前唐維祿教的也是這股橫勁。唐維祿曾比喻：「如果和別人比試撞胳膊，他直著撞來，你在相撞的時候，將胳膊轉一下，他就會叫疼。」

這是個力學原理，因為這樣一來，就不是相撞了，而是以一個拋物綫打在對手的胳膊上，學會了這個拋物綫，渾身都是拳頭。這種遍佈周身的拋物綫，便是形意拳的橫勁。對於這一點，靳雲亭在照片上留下的影像可稱典範，明眼人一看便知有功夫。

五行拳中橫拳是最難學的，唐維祿讓李老從鑽拳和蛇形中去體會，慢慢地橫拳就會打了，進而對形意拳肩、臂、肘、膝的近身打法也能領會了，再學習十二形，不需指點便能知其精髓。

高深武術的學習肯定是有次第的，次第便是一通百通的途徑。據唐維祿講，薛顛平時以猴形來練功，動作之變幻達到匪夷所思的程度，手、腳、肩、胯可以互換打法，這一奇技是練通了橫勁才能有的。由此可見橫勁是深入形意拳系統的基礎，也正如拳譜所言：「形意拳之母是五行，五行之母是一橫。」

但李仲軒向尚雲祥學藝時，尚雲祥第一要改的便是他身上的這股橫勁，收斂了撐兜滾裹，只是簡單的一進一退，手的一伸一縮。而且練拳時兩隻腳腕要一百八十度彎扭地撇開，猶如將人紮在口袋裡，渾身使不出勁。

只要一使勁便不由自主地摔倒，更無法拔背挺身。他跟尚雲祥學了一段時間後，渾身上下總覺得不順，一舉一動都變得困難，像小孩似的重新學走路，後來慢慢地走路的姿勢起了變化，和尚雲祥很像，溫溫吞吞的非常散漫，此時行拳便有了一種空空鬆鬆的自然感。

對於《形意五行拳圖說》與李仲軒老師所教拳架的不同問題，可能是尚雲祥根據每個學生的基礎，糾偏扶正，所教的側重點有別。

猴形

當時形意拳的五行拳、十二形拳都印了書，在武館裡公開傳授。要個別秘傳的是「熊鷹合形」，據說連五行拳都是脱胎於它，是形意拳最古老的架勢。唐維祿教過他「熊鷹合形」，是一個擒拿動作，雙手運動幅度很大。

尚雲祥也說要教他「熊鷹合形」，一示範，李仲軒發現和五行拳裡的劈拳沒甚麼兩樣，尚雲祥解釋說：「劈拳就是一起一伏，用軀幹打劈拳就是『熊鷹合形』了。」然後垂著手在院子裡走了一圈，身上並不見有甚麼起伏。尚雲祥又說：「不但要用軀幹，還要用軀幹裡面打劈拳。」

李仲軒老師回憶當年學藝，對於尚雲祥「要練功，不要練拳」的話印象最深。去天津謀生前向尚雲祥告辭時，對尚雲祥說，怕以後忙起來沒有時間練拳了，而且所住的群居環境練拳多有不便。尚雲祥囑咐他：「你要學會在腦子裡練拳，得閒時稍一比畫，功夫就上身了。」

李仲軒老師晚年靠給西單一家電器商店守夜謀生。在一九八八年冬天出車禍，一度全身癱瘓，口不能言，醫院診斷是小腦萎縮。

他那時被運回門頭溝的老屋裡待死，然而四個月後竟然可以下床行走，語言和神志都恢復了清晰，只是從此體質明顯地虛弱。但作為一個七十四歲的老人能有如此的恢復力，不能不說是一個奇跡。

他說這要感謝尚雲祥、唐維祿兩位師傅在年輕時給了他一個好的身體底子。他剛能下床時，筆者去看他。他告訴筆者，尚雲祥的劍法從不外露，其實造詣極深，有時以劍來教拳。因為練拳不開悟的話，練到一定程度就練不下去了，尚雲祥就讓學生從劍法裡找感悟。

為了說明這一道理，李仲軒老師當時扶著桌子站立，讓筆者拿一根筷子刺他。不管筆者從哪個方向刺去，他總能用他手裡的筷子點在筆者的腕子上，後來忘了他是病人，筆者刺扎的動作越來越快，但不管有多快他還是能打中筆者的手腕，而且他的動作還是慢慢的。

筆者問他這以慢打快是甚麼緣故，他說這就是形意拳走中門、佔中路的道理。

筆者向李仲軒老師學武術的時間只有一年，甚至連十二形也未來得及學。以後正如李老先前所料，筆者對拳術的熱忱不久便退了，以學習、工作為藉口而荒廢了。

這裡介紹的尚雲祥拳法，其實只是尚門形意的鱗爪。開始整理文章時，李仲軒老師已經八十五歲了，不知何時便會謝世，筆者很希望他能收下一個真正習武的學生，甚至還幫他物色過幾人，而他卻說：「不了，跟尚師傅發誓啦。」

李老一生沒有授徒，生前在《武魂》雜誌上發表聲明，誰稱是他的徒弟，誰便是冒名者。李老九十歲辭世，在形意傳承上，李老這一脈算是斷絕了。但李老談拳的話語，在廣闊後學中，能有人去體味，便是李老餘音未絕。

第四編

薛門憶舊

薛顛（一八八七—一九五三）

河北束鹿人，李存義弟子，天賦極佳，後拜師山西李振邦，進而入五台山拜師於虛無上人靈空長老，下山後主管天津國術館，著書立說，傳出新式拳法——象形術。

世人聞此皆掉頭

近來見到了舊版拳譜重新刻印的一套叢書，其中有薛顛在一九三三年的一本老書，名為《象形拳法真詮》，不由得頓生感慨，憶想起六十年前的一些往事。

我學拳時，正是薛顛名聲最響的時代，他繼承了李存義公開比武的作風，擔任國術館館長期間，締造了形意拳的隆盛聲勢，在我們晚輩形意拳子弟心目中，是天神般的大人物。

我的兩位師傅唐維祿、尚雲祥與薛顛的關係極為密切，我跟隨尚師在北京學藝期間，一度覺得功夫有了長進，體能很強，有了股天不怕地不怕的豪邁，其實只是進入了形意拳明勁階段①，是練武的必然，只能算是入門後的第一階段，可是心裡真覺得自己可以當英雄了，當時有一念，想找薛顛比武。

我把自己的想法跟尚師講了，尚師甚麼也沒説。但過了幾天，我的啟蒙老師唐維

祿就從寧河到了北京，將我狠狠批了一頓。唐師說薛顛身法快如鬼魅，深得變幻之奇，平時像個教書先生，可臉色一沉便令人膽寒，煞氣非常重，他那份心理強度，別人一照面就弱了。②

唐師訓我時是在尚師家的院子裡，尚師在屋裡歇息。院子裡擺著幾個南瓜，唐師用腳鈎過個南瓜，對我說：「你要能把這南瓜打碎了，你就去比吧。」他的眼神一下就將我鎮住了。南瓜很軟，一個小孩也能打碎，我卻無法伸出手來打碎那個南瓜。

見我的狂心沒了，唐師又對我說：「薛顛是你的師叔，找他比武，別人會笑話咱們的。他是在風頭上為咱們掙名聲的人，要懂得維護他。」

我對薛顛最初的了解還是從別處聽聞的。李存義生前有一個好友，略通形意，會鐵襠功。鐵襠功不是像一般人想像的，練得襠部如鐵，不怕比武受傷，而是一種健身術，屬於秘傳。

他七十多歲依然體魄健壯，愛表演功夫，甚至在洗澡堂子裡也表演，喜歡聽人誇他「身上跟小伙子似的」，是個奇人。結果招惹了一夥流氓找他麻煩，他託人給唐師捎來口信，要唐師幫他解決。

唐師讓我去辦這件事。我去了一看，這夥人玩彈弓，奇準，知道不是一般的流氓，

薛顛與人對練的照片

薛顛繼承了李存義公開比武的作風，擔任國術館館長期間，締造了形意拳的隆盛聲勢，為形意拳的普及做出了很大的貢獻。下面組圖中薛顛展示了十二形的精髓部分。

而是武林朋友在捉弄人。我就跟他們講理，估計是見有人來出頭，更要找彆扭，他們在言辭上沒完沒了地糾纏。

我便將手握在茶壺上，在桌面上猛地一磕，茶壺就碎了，又說了幾句，他們就答應不再找麻煩了。

其實他們原本就不是真要傷人，見我動怒，自然不鬧了。這老人對我很感激，為了報答我，他說：「我指點一下你的武功吧！」他是李存義生前的好友，從李存義那裡聽了些拳理，他把他想明白的、想不明白的都說給我了。

我在他家住了一晚，他很善聊，說著說著就說到了薛顛。他說薛顛是李存義的晚期弟子，天賦極高，李存義平時總是在人前捧他。這種師傅捧徒弟的事，在武林中也常見，使得徒弟很容易打開局面。

後來薛顛和師兄傅昌榮在一座兩層的酒樓比武，薛顛說：「這不是一個比武的地方。」傅昌榮說：「打你不用多大地方。」——這是激將法，薛顛倉促出手，傅昌榮一記「回身掌」把薛顛打下了酒樓。

他是從二樓欄桿上摔下去的，摔得很結實，看熱鬧的人都以為他摔壞了，不料他馬上就站了起來，對酒樓上的傅昌榮說了句：「以後我找你。」便一步步走了。

薛顛一走就不知了去向，直到李存義逝世後，薛顛才重又出現，自稱一直隱居在五台山。薛顛復出後很少提自己是李存義的徒弟，說是一個五台山老和尚教的他，叫「虛無上人靈空長老」，有一百二十歲——對於這個神秘的人物，許多人覺得蹊蹺。③

難道是薛顛將自己參悟出的武功偽託在一個根本就不存在的人名下？所謂的「虛無上人靈空長老」，是不是隱含著「虛無此人，淩空出世，前後無憑，原本假有」的意思？所謂的一百二十歲，古代六十年為一甲子，為一輪迴，也許隱含著自己「再世為人」的意思？

可能因為多年前的比武失敗，心高氣傲的薛顛自己將自己逐出了師門，覺得丟了師傅的面子，所以自造了一個虛無縹緲的師承——這只是想當然的猜測，其實真有這位老和尚，只不過不是這個法號，真法號我已經忘記了。

此番復出，薛顛顯得很是知書達理，待人接物客客套套，可是又有點令人捉摸不透。他在一次有許多武林人士的集會上，突然表演了一手功夫，不是打拳，只是在挪步，跟跳舞似的在大廳逛了一圈，但將所有人都驚住了，因為他的身體展示出了野獸般的協調敏銳和異常旺盛的精氣神，當時就有人議論薛顛的武功達到神變的程度。薛顛表演完了，便宣佈向傅昌榮挑戰。

以上便是那位前輩給我講述的故事。薛顛與傅昌榮的二次比武，驚動了尚雲祥。尚師說：「咱們師兄弟，比不上親兄弟，總是比叔伯兄弟要親吧，怎麼能鬥命呢！」這場比武就給勸開了。尚雲祥很賞識薛顛，以大師哥身份，讓薛顛接了李存義的班，當上了天津國術館館長。

薛顛成為國術館館長後，以尚雲祥為首，所有的師兄弟都頌揚他，憑著這極高的名望，他終於令形意拳在大都市有了民眾基礎，闖開一片天地，而在此之前拳術多在鄉野，拳師為文人所輕。

社會上有「強國強種」的口號，所謂強種要用練武來強，普傳拳術是當時武林人士視為己任的愛國大事，流行出版武術書。可是由於形意拳自古的規矩，拳術心訣不能普傳，所以許多形意拳的書都是在展示架勢和一些練拳達到一定水準後方能看懂的口訣，對於普通讀者並不能直接受用。

當時民族危機極其嚴重，薛顛想讓國民迅速強悍，手把手地授徒覺得來不及，開始思索寫一本真正可以自學的書，就有了這本《象形拳法真詮》。只要是得形意拳真傳的人，一看這本書便會發覺，所謂的象形術就是形意拳。難道為避開舊規矩，薛顛偽託了一個象形拳的名目，將形意拳的大部分奧妙公佈了出來？

這是一種猜測，其實象形術是與形意拳淵源很深的一種拳法，古來有之。薛顛泄漏秘訣，想讓人照書自學，也不過是個美好願望，因為武術是身體動作，必須得有人教，學會後可以自修，是無法直接自學的，不管公佈了多少秘密，光有書本，也還是不夠。

雖然如此，這本《象形拳法真詮》到了練形意拳的人手中，卻有畫龍點睛的妙用，多虧了薛顛當年利國利民的想法，才能使我們這些形意拳後輩得益。可以想像，如果不逢民族危機，一個只在武林中討生活的拳師，又怎能捨得將秘訣公開？

薛顛早年的比武失敗，烙印終生，逆轉了他的命運，後來雖享有很高名望，但沒有得到善終，可以說是暴死。所以有很長時間，人們對於薛顛都是避而不談，也沒有人自稱是薛顛的傳人。

我後來在唐師的介紹下，正式在天津拜師薛顛，但學習的時間短暫，當時有薛顛侄子薛廣信（大約是此名）在場。一晃六十年過去，又是一個甲子，不知薛門的師兄弟們是否安好？

此本《象形拳法真詮》，用詞精美，文法簡潔，是形意拳書中不可多得的上乘文字，便於讀者心領神會，所寫功法寥寥數語便交代清楚，毫不含糊，都是真體會，現僅摘出三處加以評說，顯示一下深淺，書中其餘部分，讀者自可據書再究。

一、《象》書總綱第一章第四節「樁法慢練入道」

許多人都知道形意拳站樁，長功夫的關鍵也在樁功，但如何站法卻很含糊，有的書譜上只是講解了眼、耳、鼻、舌的內斂要領，似乎站樁便是站著不動了，附會上佛道的入定之說，好像一動不動得越久越好——這是誤導。站著一動不動，只能令肌肉苦楚，精神挫折。

這一小節便將形意拳樁法的秘密公佈出來，樁法是活動的，不是靜功而是慢練。薛顛原話為「此樁法之慢練，增力之妙法也，慢慢以神意運動，舒展四肢」——樁法是動的，只不過動得極慢，外人看不出來。

這「慢慢以神意運動」七字真可謂價值萬金，而且說明樁法的功效為「臟腑清虛、經絡舒暢、骨健髓滿、精氣充足」，特別標示「而且神經敏銳」，不如此，便是練錯了。

二、《象》書總綱第十一章第十二節「體呼吸」

許多人都知道形意拳是內家拳，此拳是可以悟道的，但拳譜上往往只有拳法，簡單陳列出從道經摘抄的語句，至於如何由拳入道，便含糊了。薛顛所言的體呼吸正是形意拳入道的法門，薛顛原句為：「從全體八萬四千毛孔雲蒸霧起而為呼吸，此節功夫，乃是精神真正呼吸，非有真傳難入其道，非有恆心難達其境，學道者，勉力為之。」

三、《象》書上編第六章第一節「五法合一連珠」

形意拳古傳有一個名為「圈手」的動作，又稱「風擺柳」，可以健身可以技擊，據說涵蓋五行十二形的精華，沒得傳授的人猜測是一個類似於太極拳「雲手」的兩臂畫圓運動。

其實圈手開始時的確類似於太極雲手的兩臂畫圓，幅度小，運動慢，是為了調周身的氣血，等真正練起來，不是兩臂畫圓，而要用整個身體上下左右地畫圓，至於具體的運動軌跡為怎樣，大約是薛顛的「五法合一連珠」那樣。

形意拳講究五行，對應金、木、水、火、土的是劈、崩、鑽、炮、橫五拳；薛顛的象形術對應金、木、水、火、土的是飛、雲、搖、晃、旋五法，其中飛、雲二字是借用劍法用詞，有人想當然地認為這五法就是形意五行拳的變形，是換湯不換藥。其實不然，薛顛的五法不是從五行拳來的，倒是和圈手有淵源，所以略過他對五法的分別講述，對五法連貫演練的連珠卻要好好參究。

① 李存義論「剛柔明暗」：

剛者，有明剛、有暗剛；柔者，有明柔、有暗柔也。明剛者，未與人較手時周身動作神氣皆露於外，若是相較，彼一用力抓住吾手如同鋼鈎一般，氣力似透於骨，自覺身體如同被人捆住一般，此是明剛之內勁也。暗剛者，與人較手動作如平常，起落動作亦極和順，兩手相較，彼之手指軟似綿，用意一抓，神氣不只透於骨髓，而且牽連心中，如同觸電一般，此是暗剛之內勁也。

明柔者，視此人之形式動作毫無氣力，若是知者視之，雖身體柔軟無有氣力，然而身體動作輕如羽，內外如一神氣，周身並無散亂之處。與彼較手時，抓之似有，再用手或打或撞而又似無，此人又毫不用意於己，此是明柔中之內勁也。

暗柔者，視其神氣威嚴如同泰山，若與人相較，兩手相較其轉動如鋼球，手方到此人之身，似硬，一用力打去，則彼身中又極靈活。手如同鰾膠相似，胳膊如同鋼絲條一般，能將人以黏住或纏住，自己覺著諸方法不得手，此人又無一時格外用力，總是一氣流行，此是暗柔中之內勁也，此是余與人道藝相交，兩人相較之經驗也。

② 李存義論觀敵神氣：

學者若遇此四形式（明剛、暗剛、明柔、暗柔）之人，量自己道理深淺，神氣之薄厚而相較量。若是自己不能被彼之神氣欺住，可以與彼相交；若是觀其面先被彼之神氣罩住，自己先懼一頭，就不可與彼較量。若無求道之心則已，若是有求道之心，只可虛心而恭敬之，以求其道也。

兵法云：知己知彼，百戰百勝。能如此待人，可以能無敵於天下也。並非人人能勝方為英雄也。

③《象形拳法真詮》薛顛「自序」的章節，對這位僧人的紀錄為：「虛無上人法號靈空，五台南山卓錫崇峰。兩度甲子其顏尤童，求真訪道三教精通。參贊古易象理禪宗，以術延命普度眾生。負荷斯道傳之無窮。」指出此位僧人在五台山南台卓錫崇峰。

心亦不能為之哀

我們劉奇蘭派系形意拳的輩分字號很嚴格，有了下一代傳人，要按規定求字號取名字，我們的字號是「心存劍俠，志在建國」①，後面還有，但我不收徒弟，無心求這些，這麼多年也就記不得了。尚雲祥號劍秋，傅昌榮也號劍秋，倆人重了名號。唐維祿是唐劍勳，我是李藝俠。

形意門老輩出名的人都在「心存劍俠」，但形意拳不止「心存劍俠」，這是復興的形意拳，還有未復興的形意拳，薛顛的象形術便來源於此。以前反清的白蓮教教眾練形意拳，失敗後，清兵見了練形意拳的就當是白蓮教的，非關即殺，練者只得隱逸。

後來一個叫姬際可②的人自稱在古廟撿到了岳飛全集，可惜只有半冊，屬於總論章節，應該還有十幾冊，卻不知在哪兒。③其實他是訪到了形意拳的隱逸者，說撿到書，不過是幌子。在他的庇護下，形意

拳得到了復興。④

他復興的是後來李洛能這一系，郭雲深不是李洛能教出來的，他是另有師傳（有說是家傳），因為李洛能這一支見了光，所以來受教歸附，與劉奇蘭稱了師兄弟。

形意拳書面的歷史自姬際可開始，但還有史前的形意拳，一直並存。薛顛的《象形術》書上說象形術傳自「虛無上人靈空長老」，這就不免讓人想起《紅樓夢》裡的「茫茫大士渺渺真人」。

《紅樓夢》是曹雪芹寫的，但曹雪芹自己說是「茫茫大士渺渺真人」把書傳給了賈雨村，賈雨村再傳給他的⑤。茫茫渺渺、假語村言都是「並不實有其人」的意思，繞了一圈，還是說自己寫的——薛顛的象形術是否也是這種情況，說是別人教的，其實是他自己發明的？

實際上，虛無和尚確有其人。象形術是老樣的形意拳，還是老樣形意拳的發展？如果是後者，那麼是在虛無和尚前成熟的，還是成熟在薛顛身上？

這我不曉得，但當時武林公認薛顛的武功確是世外高人所傳，因為一搭手就體會出他的東西特殊。老輩的武師講究串東西，相互學，見面就問有何新發現，一搭手就彼此有了底，說「晚了」就表示輸了一籌。

薛顛是一搭人手，就告訴別人：「你晚了。」別人還沒反應過來，再搭，薛顛做得明確點，別人就自己說：「晚了，是晚了。」

那個時代因為有這種風氣，每個人的分量大家都清楚，所以沒有自吹自擂的事。甚至不用搭手，聊兩句就行，不是能聊出甚麼，而是兩人坐在一塊，彼此身上就有了感覺，能敏感到對方功夫的程度。

那時有位拳家說：「誰要是躲過了我頭一個崩拳，我第二個崩拳才把他打倒，他可以驕傲。」這位拳家有真功、有天才，說的話也做到了，但限制在跟他交手人的範圍裡。而尚雲祥、薛顛是當時形意門公認的成就者，他倆的拳都是「要著命」的拳，如果是不熟悉不相干的旁人，就沒有搭手一說了，不是你死就是我亡，因為形意拳就是這麼練的。

除非武功相差十萬八千里，否則，你不要他倆的命是打不敗他倆的。把尚雲祥、薛顛打飛了而又沒傷亡——能給尚雲祥、薛顛留這麼大餘地的人，起碼當時出名的人中沒有。⑥

高功夫的人之間不用比武，也無法比武，一旦動手，都不敢留餘地，沒有將人彈開一說，手上的勁碰到哪兒就往哪兒扎進去，必出人命。

練武者要能容人，但不能受辱，這是原則。薛顛脾氣很好，但自尊心強，受了辱，天塌了也不管。尚師是連續幾日的腹瀉後去世的，唐師也是這樣，均算是善終。

丁志濤是自殺而死，薛顛的晚年我了解不詳細，如果他犯了脾氣肯定會闖禍。薛顛的武學現在流傳得不廣，但也可以說流傳得很廣，因為當時練形意拳的人多串走了薛顛的東西，有的是自己來串的，有的是派徒弟串的。

串走的主要是十二形⑦，當時劉奇蘭—李存義派系大多數人練形意拳就是練五行拳，對十二形有傳承，但只練一兩形或乾脆不練。其實功夫成就了，練不練十二形無所謂，但對十二形不熟悉，傳承上就不完備了。

薛顛從山西學會了十二形，就無私地串給同輩人。所以這一系各支一直都稱有十二形，其實在有的支派中十二形一度中斷，他們現在的十二形不是傳承來的，而是串來的。

當然，不見得都串自薛顛。至於書中提到的薛顛師傅李振邦，薛顛也未對我說過，我就只知道薛顛早年受李存義教授，李振邦有可能是傳給薛顛十二形的師傅。

至於「虛無上人靈空長老」，他不是行腳僧，而是有廟定居，薛顛說他求學那幾年剃光頭穿僧衣，住廟練武。他是輸給了傅昌榮賭氣出了家，碰巧廟裡有高人？還是看到老和尚練武後投身入廟的？

他連他是否正式出過家都不說，這兩個問題我更無法回答。虛無上人靈空長老不是老和尚的真法號，薛顛說不好這老和尚的年齡，遇到時大約一百出頭，書上說「兩度甲子」，一甲子是六十年，說有一百二十歲。

這種世外高人，不求名利，越是無聲無息越好，做了他徒弟的不能隨便問。薛顛的含糊是真含糊，不是憑空編了個老和尚。

因有住廟的經歷，薛顛知道佛學，他還研究《易經》，也正因為看《易經》所以對八卦掌好奇，但從尚雲祥學了八卦掌後，他能教會別人，自己卻不練。

其實他甚麼都不信，武練得入迷，不入迷不上功，練武人有自己一套，佛道只是參考。他是精細較真的人，但一論武就入迷，我拜師時沒錢，他怕我送他禮，就說：「甚麼也別給。一個棍子能值幾個錢，劍我有的是。」

因為他一天到晚只有練武的心思，一聽說送禮，第一反應就認為是送兵器。

練武的心思怎麼動？練拳時，好像對面有人，每一手都像實發，是像實發而非實發——只能這麼說，否則越說越說不清。

自己要多安排幾個假想的對手，慢慢地練拳，但一拳出去要感覺是以極快的速度冷不防打倒了其中一人，其他人還盯著你呢。不要想著正式比武，要想著遭人暗算。

等到真比武腦子就空了，一切招式都根據對方來，等著對方送招，對方一動就是在找捱打，所謂「秋風未動蟬先覺」，不用秋風掃落葉，秋天有秋天的徵兆，一有，蟬就知道了。

比武就是比誰先知道，形意拳的後發制人，不是等對方動手了我再動手，而是對方動手的徵兆一起，我就動了手。不是愛使甚麼招就使甚麼招，要應著對方，適合甚麼用甚麼，平時動心思多練，一出手就是合適的。只有練拳時方方面面的心思都動到，在比武電閃雷鳴的一瞬，才能變出東西來。

站樁時，也要動起步趟進、側身而閃的心思，外表看似不動，其實裡面換著身形。要靜之又靜，長呼長吸，站空了自己。

如何是站樁成就了？薛顛定下兩個標準：一、一站兩小時；二、手搭在齊胸高的槓子上，姿勢不變，兩腳能離地——不是較勁撐上去，而是一搭，身子浮起來似的，這表明身上成就了。

這兩點薛顛都做到了，我做不到，我是落後的，只是沒落伍而已。我就一個渾圓樁，旁的不練。當時沒有薛顛，大多數人不知道有站樁這回事。

李存義有樁法，但他自己不站樁，他的樁法都融入拳法裡了。站樁要力丹田，一力丹田就顧不上累了，樁法能融入拳法裡，拳法也能融入樁法裡，體會不到丹田，跟高手過一次招就明白了。

力丹田不是鼓小肚子。獵人捉狗熊，要先派狗圍著咬，那些小狗非常亢奮，因為它們骨子裡怕極了，狗熊一巴掌能把它們抽得血肉模糊，但為甚麼撲上去狗熊也畏縮？因為小狗力了丹田。

跟高手比武，精神一亢奮就覺得有種東西興旺起來，這就是力了丹田。說不清楚，只能體會，給人打出了這個東西，站樁就興旺這個東西。

人眼光散了，幹甚麼都沒勁，站樁要眼毒，不是做出一副狠巴巴的樣子，而是老虎盯著獵物時伺機而動的狀態——這也不對，因為太緊張，要不緊不慢方為功，肌肉緊張出不了功夫，精神緊張也出不了功夫，站樁時肌肉與精神都要「軟中硬」，眼神要能放於虛空，就合適了。

還有，丹田不是氣沉丹田，要較丹田，肛門一提，氣才能沉下來了，否則氣沉丹田是句空話，上提下沉這就較上了。較丹田的好處多，學不會較丹田，練拳不出功夫，等於白練。

站完樁要多遛，這一遛就長了功夫，遛是站樁的歸宿，遛一遛就神清氣爽，有了另一番光景。薛顛說站兩個小時，是功夫達標的衡量準則，是功夫成就了，能站兩小時，練功夫時則要少站多遛，不見得一次非得兩小時。

還有一個長功夫的標誌，就是站樁站得渾身細胞突突——高密度、高深度的顫抖，由突突到不突突再突突，反覆多次，這就出了功夫，站樁能站得虎口、指縫裡都是腱子肉，這是突突出來的。

李存義不用站樁也成就了，立站樁為法門是薛顛留給我們的方便。薛顛的國術館在天津河北公園裡，公園沒有圍牆國術館也沒有圍牆，練武踩出來的地就是國術館的院子，國術館有耳房兩間，正房只有三間，再加上沒有圍牆，所以被稱為「小破地方三間房」，但就是這麼個小破地方，令很多青年嚮往。

當時薛顛將他的徒孫們招來集訓，親自教，他們見了我就說：「小李師叔來了？」我跟他們一塊學的，但就大了一輩。

在薛顛這裡沒有「點撥三兩句」的輕巧事，一教就黏上你了，練得都沒耐心了，他還沒完沒了，他就是喜歡武術，沒旁的嗜好，五十多歲才會喝酒，從不抽煙，他教你拳，他自己也過癮。

註釋

①民國三年（一九一四），李存義最後一次到太谷，與同門師兄李復禎、布學寬、宋鐵麟、劉儉等共同商討形意門人輩次，決定從李洛能第二代傳人起，以「華邦惟武尚社會統強寧」十字，作為各派統一的輩序。

從「華—寧」，可以分析立輩序的時代背景，是在國家尚且完整的情況下。而李老提供的「心—國」，則含有亡國之恨。並且「華—寧」輩序十個字，李老的「心—國」，已有八字，並說後面還有數句，像是更老的做法。

綜合早期形意拳門人反清復明的歷史，李老提供的輩序，似乎是在「華—寧」之前的，而且是分派私傳的。李老當初在《武魂》雜誌上公佈多數人不知道的「心—國」序名號，是向少數人表明身份的用意。「華—寧」輩序形意門人盡人皆知，並已向社會公開，而「心—國」輩序待考。

②姬際可，字龍峰，明末人，精於槍法，人皆以為神。後為適應太平時代，避免槍械管制，將槍法變為拳法。（此為一種說法，待考。）

③《姬際可自述》中提到：

老朽備受艱辛，真乃言莫可喻。隻身宿古剎，四壁蕭然，單將東配殿修葺以避風雪，深夜為猛獸咆哮所驚，難以就寢。一夜掣劍逐獸返歸，偶見西配殿內隱隱有光。

當時明月皎潔，老朽疑由破窗射入。仔細辨別，更為可疑，頓生好奇之心，燃油松上照，土蔽塵封，顯出點點微光。縱身一跳，跨上橫陀，竟見承塵之上有一柄古劍，一個木匣。

老朽捧來端詳，劍鞘古雅，劍光耀目，鋒利異常，上嵌「湯陰岳氏」四字，並無劍名。老朽不識其劍，實知其人。再啟木匣，卻是一部手冊，題名《六合經拳》，其中五行變化災害原理，陰陽造化之樞機，起落進退虛實之奧妙，武技之精華盡集於此。

老朽感焉，悉心研習其精義，十易寒暑，會其理於一本，通其形於萬殊，以六合為法，五行十二形為拳，以心之發動曰意，意之所向為拳，名曰心意六合拳。

④ 姬際可是清廷武官，或是身後有清廷武官支持，甚至有說姬際可是滿清或蒙古皇室，名為「亓亓可」或「齊齊可」。

而有說他受清廷通緝，曾遁入少林寺，其流傳下的《姬際可自述》有言：「彼時因落魄江湖，毫無寸進，既不能遂平生之志，又不能重返故園，生趣毫無，遂生遁世之心。」他的真實生平待考。

⑤ 直尋到急流津覺迷度口，草庵中睡著一個人，因想他必是閒人。便要將這抄錄的《石頭記》給他看看。哪知那人再叫不醒。空空道人復又使勁拉他，才慢慢地開眼坐起，便草草一看，仍舊擲下道：「這事我早已親見盡知，你這抄錄的尚無舛錯，我只指與你一個人，託他傳去，便可歸結這一公案了。」空空道人忙問何人，那人道：「你須待某年某月某日到一個悼紅軒中，有個曹雪芹先生，只說賈雨村言託他如此如此。」說畢，仍舊睡下了。

那空空道人牢牢記著此言，又不知過了幾世幾劫，果然有個悼紅軒，見那曹雪芹先生正在那裡翻閱歷來的古史，空空道人便將賈雨村言了，方把這《石頭記》示看。

那雪芹先生笑道：「果然是賈雨村言了！」空空道人便問：「先生何以認得此人，便肯替他傳述？」曹雪芹先生笑道：「說你空，原來你肚裡果然空空。既是假語村言，但無魯魚亥豕以及背謬矛盾之處，樂得與二三同志，酒餘飯飽，雨夕燈窗之下，同消寂寞，又不必大人先生品題傳世。似你這樣尋根問底，便是刻舟求劍，膠柱鼓瑟了。」

那空空道人聽了，仰天大笑，擲下抄本，飄然而去。一面走著，口中說道：「果然是敷衍荒唐！不但作者不知，抄者不知，並閱者也不知，不過遊戲筆墨，陶情適性而已！」後人見了這本奇傳，亦曾題過四句為作者緣起之言更轉一竿頭云：

說到辛酸處，荒唐愈可悲。
由來同一夢，休笑世人癡！

⑥ 這位拳家的傳人，稱這位拳家把尚雲祥打飛起，頭破屋頂，打得薛顛搭手即飛，而且尚、薛二人不但沒有受傷，還一個興致勃勃地探討拳理，一個大呼小叫地招呼徒弟跪拜。

⑦ 十二形歌訣：
龍性屬陰搜骨能，左右躍步用柔功。雙掌穿花加起落，兩腿抽換要靈通。
虎性屬陽力勇猛，跳澗搜山它最能。搶步起時加雙鑽，雙掌抱氣撲如風。
猴性輕靈起縱輕，機警敏捷攀枝能。叼繩之中加掛印，扒桿加掌向喉中。
馬有垂韁疾蹄功，跳澗過步速如風。丹田抱氣雙拳裹，左右雙衝是真情。
鼉性最靈浮水中，左右撥水是真形。又有鑽意加側打，左顧右盼攔中用。
金雞報曉獨立能，抖翎發威爭鬥勇。獨立先左後右意，食米奪米上架行。
燕性輕盈抄水能，向後展翅快如風。上托提撩三抄水，全部動作要輕靈。
鷂有束身入林能，又有翻身鑽天功。先從束身後入林，鑽天翻身前後同。
蛇性玲瓏撥草輕，屈伸如意蟠繞能。左右斜撥是靠打，橫勁原由坎中生。
駘性最直能豎尾，上架下落用拳行。展翅之中有挽式，虛心實腹真道成。
鷹性烈狠捕捉能，上似劈拳下擄功。左右行之可進退，鑽翻採擄是真情。
熊性沉穩威力猛，外陰內陽升降中。裹翻之中有橫拳，左右斜行起落從。
鷹熊合演拳掌變，起鷹落熊走兩邊。鑽時提足須含意，落時勁貫毫髮間。

處事若大夢

薛顛的象形術有飛、雲、搖、晃、旋五法，此次講飛、搖二法。

雲是繞，飛是挑，而繞、挑並不能概括雲、飛。

象形術與形意拳在練法外觀上的區別是，形意拳是一條直綫打下去，而象形術走一二步便轉身了，練轉身就是在練身法。談象形術，講飛必講搖，在飛、雲、搖、晃、旋中，飛、搖是一體相續的。

説拳先説武德。武德是練武人的救命草，沒武德傷害他人是一方面，更糟糕的是，會把自己弄得家破人亡。唐維祿逐出的徒弟一個姓李，一個姓田，那位姓李的是在唐師教他時，對唐師突然襲擊。

姓田的一拳能把土牆掏個窟窿，説要到外地行俠仗義去，把兩個兒子託給自己父親，他父親不管。他很惱火，順手給了小兒子一拳，竟然把小兒子給打死了，大兒子跑了，

他就把小兒子給埋了，埋的時候沒完全斷氣。

如果習武而不修武德是不會有好收場的。我是由袁斌介紹給唐師的。袁斌一次和媳婦吵嘴，一怒之下把媳婦的腳腕子給掰斷了，他媳婦幾日後上吊自殺了。

我為此登門把袁斌罵了一頓，說：「你把嫂子逼死了，嫂子多好的人，你出手怎麼那麼狠！」他很痛苦，說：「我在氣頭上。我不想這樣呀。」

他和唐師都在一個叫「清禮」的民社，奉行不抽煙、不喝酒的生活方式，雖然唐師沒把他逐出唐門，但師兄弟們都不再理他。他後來找過我好幾次，也沒能恢復往日的情誼，因為我對他反感了。

不能為富不仁，也不能為武不仁，只有功夫沒有德行，人會喪心病狂，練武的該是仁者。袁斌還等於我半個師傅呢，他當年給祁家大院看廟，問我想不想學拳。寧河小南莊子的人練小神拳，是少林拳的一種，我上寧河小學高小時學校請小南莊子的人來教過，就此種下我習武的興趣。

我把母親家祠堂裡的人打發走，讓袁斌在那裡教我。王家祠堂清靜、地方大，袁斌的師兄弟也來練功，最多能有十幾個，其中有唐師的得意之徒張鵬瑞、王振國、閻錫坤、王殿。

王殿是個六十一歲的人，會打火炕。唐師這麼多徒弟都在我那兒練武，唐師自然會總來，後來王殿在祠堂裡打了個火炕，唐師就住下來了。一年後，唐師的徒弟們對我說：「你給唐師傅磕個頭吧！」

我就向唐師求拜師，唐師說：「你為人痛快，我喜歡。」收下了我。

形意門規矩大，拜師要有引薦師，我的引薦師叫楊樹田，他是開茶館的。供桌上供有劉奇蘭、李存義的名號，還從街上買來達摩畫像，都一一磕了頭。當時還算了拜師的時辰，用的是「達摩老祖一張金」的算法。因為兩處要用到達摩，所以有人也管形意拳的秘訣叫「達摩老祖一張金」。

練武的人不迷信，說話講信用，說出來就算話，還不能有脾氣，武藝要教給不使性子的人。練武人都不生氣，尚雲祥便一點脾氣沒有，只是有時練武入了迷，他用腦子練拳，吃飯走路都是這個，別人從背後走來，他一反身就是打人的氣勢，但他一下就能醒過來，從沒傷過人。

拜尚師的引薦師是唐師，行禮後請尚師到前門外的翠花樓吃飯，加上尚門的師兄們有十來人，趙師母沒去，此宴用去我一百餘元。後來，中國人用上了日本人在中國造的錢，紙幣上有孔子有天壇，民諺講：「孔子拜天壇，五百變一元。」說這種錢貶值快。

尚師功力純，薛顛變化多，唐師腿快。唐師學了李存義的全套，包括道法、醫藥，有人問唐師：「形意拳的內功是甚麼？」唐師回答得特別好，他說：「形意拳就是內功。」

就是這個，不再別有甚麼內功。所以，習者不要對「三抱、三頂」等古譜説詞輕易放過，不要以為只是用來校正拳架的。唐師與薛顛淵源深，唐傳形意中串有薛顛的東西。

國術館在天津河北區，當時天津分河北、河東、西頭、下邊（租界以南）。國術館是三間正房，兩間耳房，院子很大。李存義做館長的時代，李振東做李存義的搭檔。關於李振東，閒話多，有人説他是沾李存義的光，有人説是他護著李存義。練拳的人面子薄，一輸就一輩子抬不起頭，同時又話多，知道有這種習氣，甚麼話一聽就過，最好。

練武的人不講錢，國術館背後有財團支持，來學拳交不交學費都可以。在薛顛時代，國術館吸納了許多文化人，薛顛把《象形術》一書寫出來後，請他徒弟、朋友中的文化人斟酌詞句，此書用語極其準確，既有境界又實在，千錘百煉，的確是國術館的經典。

薛顛寫書準確，武功也是求準確。他氣質老成，有股令人不得不服的勁兒，幹甚麼都顯得很有耐心。形意拳是「久養丹田為根本，五行四梢氣攻人」，首重神氣，所以眼神不對就甚麼都不對了。他教徒弟管眼神，身子步法要跟著眼神走。

他說，比武是一剎那就出事，一剎那手腳擱的都是地方，就贏了。所以他校正學員拳架極其嚴格，不能有分毫之差，說：「平時找不著毛病，動手找不著空隙。」

他是河北省束鹿人，有著濃重的口音，他愛說：「擱對地方。」他一張口，我就想笑。

李存義說：「形意拳，只殺敵，不表演。」形意拳難看，因為拳架既不是用於表演也不是用於實戰，它是用來出功夫的。

拳架出功夫可以舉一例，練形意拳總是擠著兩個膝蓋，磨著兩個脛骨軸，一蹲一蹲地前進，用此打人就太糟了，兩腿總並在一塊，只有捱打的份兒。其實「擠膝磨脛」的目的，是練大腿根，大腿根有爆力，比武時方能快人一籌，這是功夫。

形意拳專有打法，那是另一種分寸。薛顛的打法，在「佔先手」方面有獨到之處。示範時，做徒弟的防不住他，他的手到徒弟身上，就變打為摔了，把人摔出去，又一下撈起來，在他手裡不會受傷。做徒弟的被他嚇幾次，反應能力都有所提高。

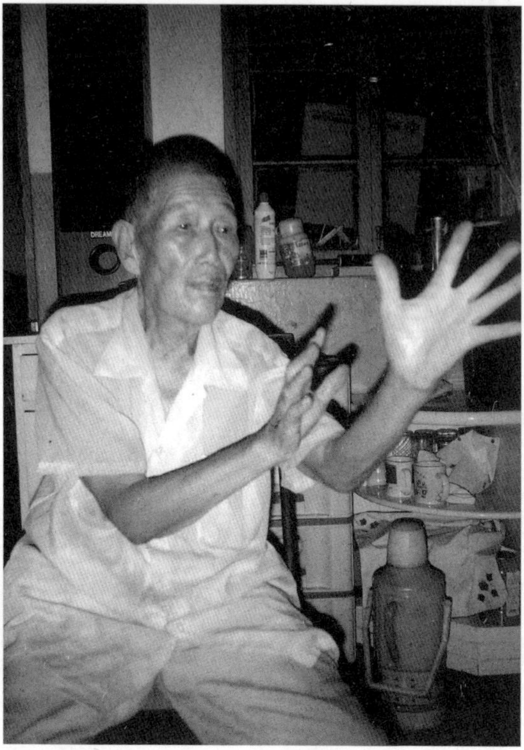

飛法

飛法便是練這份敏捷。飛不是鳥拍翅膀的飛，是另一個字（想不起來，暫以飛字為準）。飛法中含著猴形的精要，薛顛的猴形中有一式名「猴捅馬蜂窩」，猴子捅馬蜂窩，一捅就跑，它怕被蜇著。所以猴形的發力就是一發即縮，飛法就是練習瞬間收力，收得快，發出去就更快了。以飛法可以窺見薛顛比武速度的一絲奧秘。

就像形意拳劈拳叫「劈抓」，不但要劈出去，還要抓回來，能抓回來的拳才叫劈拳，因為有個迴旋勁，一去不回頭的拳打不了人。

象形術飛法是八字訣，大拇指和食指張開，後三指握著，像比畫數字「八」。八字訣上挑，猴捅馬蜂窩般挑敵眼。但握八字不這麼簡單，拳頭也能封眼嘛。主要是挑著八字練功，能把手臂的筋挑通了，比武時方能有靈動，有奇速。

雲法握劍訣也是此理，與形意的「擠膝磨脛」一樣，練的時候多練點，比武時方能高人一籌。

飛法練收勁，一挑即撤，順這股撤勢便是搖。所以飛法與搖法是一體的，搖不是左右平搖，而是划槳式，就像用一支槳划舢板一樣，左划一槳，扭身再右划一槳，力向後下方，要深入。

搖法沉厚，貼身摔人，與飛法相續，由極輕靈變極黏重，習者玩味日久，遍體皆活。讀者修習象形術，要以書為本，那是大體，我只是舉了點例證，勿止於我言，斷了追究。

我第一次見薛顛，一見他的狀態，就知道是個跟尚師一樣的人，一天到晚身上走著拳意。他輕易不説話，一説就是大實話。

比如他送我一對護手鋼鈎做見面禮，見我很喜歡，就説：「使雙鈎的竇爾敦也就是在戲台上厲害，能贏人的是劍棍刀槍，這東西沒用。」我覺得特逗，哪有這麼送人東西的？

但只有這種人才能練到武功的極處。

困時動懶腰

薛顛是我見面就磕頭硬拜出來的老師，他當上國術館館長後走了文士的路綫，待人接物彬彬有禮，我拜師時他好像是五十三歲。

拜師時由於我離家太久，錢都花完了，連拜師禮都沒有。他的《象形術》一書，確是可開宗立派的拳學，同時也是在一個新的名目下，將形意拳的要訣公開了。此書用詞簡約而雅致，可謂字字斟酌，是傳世之作的寫法。

形意拳有劈、崩、鑽、炮、橫五行，薛顛有飛、雲、搖、晃、旋五法。此次講一個雲法，僅作為青年一代自修此書的提示。象形術源於形意拳，先説形意拳的大法則。《莊子》中有個「庖丁解牛」[1]的故事，牛肉糙厚，一把刀子殺不了幾頭牛就崩壞了，但有一個屠夫一把刀用了多年仍然鋒利如新，這就是形意拳的大法則——以柔用剛。

有人喜歡形意拳表面的剛猛，結果練成了「傷人傷己」，鐵骨頭硬繭子，但仍免不了像一般屠夫，剖了牛，刀子也壞了，早晚傷了自己。真正的形意拳是「傷人不傷己」的，要兜著勁打人、撲著身子打人。

之所以用壞刀子，因為手腕僵，刀子入肉後一較死勁，就崩了，只有腕子活了才傷不了刀子。同樣的道理，形意拳一出手，身上是活的。不是一個勁，多股勁團在一起，如此方能遊刃有餘。

以前天津有位武師，天生一股狠勁，平時將一百張高麗紙疊在一起，兩臂翻著打，能打得最底下的一張碎，而上面的無損。這個方法連招式帶勁力都有了，與人比武，兩臂一翻，別人就招架不住。

唐師知道他是好漢，想點撥他，說：「你這是打一百張紙出的功夫，要超過了一百張紙，怎麼辦？」他說：「接著翻。」

唐師說：「我搭著你，看你能不能翻過來。」他連翻多次，胳膊翻不上來，這是唐師在庖丁解牛。形意拳的勁含著，能控制人，發作起來，猶如庖丁一下把刀子捅到牛體深處，能把人打透了。只有傷人不傷己的勁道，方能無堅不摧，傷人傷己的硬功終歸有限。

平時總爆發著練拳，拳頭掄得越猛，勁越單薄，竹籃打水一場空，練不出功夫。

比如尚雲祥綽號「鐵腳佛」，可以腳裂青磚，但他教我們時不讓足下用力，要提著腳心，因為在人體力學上，腳跟和後腦是槓桿的兩端，打拳時狠勁蹬地，會震傷後腦。練形意拳練得頭暈目眩，記憶力減退，就是腳下太用力了。

尚雲祥足下的沉重力道是輕著練出來的，好比走鋼絲，腳一用力就摔下去了，但想輕，得更用力才能輕得起來。不是在一個勁上加分量，而是多加上幾股勁。走鋼絲為控制平衡，得調動全身勁道，敏捷變化，既不能踩實了鋼絲，也不能踩虛了，掌握住這個火候，方能練出功夫。

練拳要如盲人走路，盲人跟常人不同，蹭著地走路，外表好像很沉重，但腳下是活的，並不只維持著前後平衡，四面八方都照顧著，絆到甚麼東西，一晃就站穩了，這是以柔用剛，多股勁的作用。這個柔不是軟化，是變化。

我聽聞程廷華走的八卦樁不是木頭的，是藤條編的。我想不明白其中的道理，後來一次走在河灘上，泥巴有韌勁，走著走著，忽然覺得腿上出了功夫。如果傳聞屬實，那麼程廷華踩「軟樁子」是在練多股勁。

八國聯軍進北京時禍害中國人，程廷華拎著大砍刀在房上走，見到落單的洋鬼子就蹦下來一刀劈死，轉身又上了房。他殺的人一多，給盯上了，最終被排子槍（洋兵隊一起開槍）打死。他是武林的英雄，八卦門的成就者。

形意拳歌訣有「消息全憑後腳蹬」，形意拳先要提肛，肛門一提，腰上就來勁，腿上跟著來勁，後腳蹬的是腰上的消息，不是用腳跟蹴地。薛顛還說提肛是練身法的關鍵，不是努著勁提，那樣太憋屈，而是肛門有了鬆緊，臀部肌肉就活了，兩腿方能速巧靈妙。

世評薛顛的武功達神變之境，我問過唐師：「薛顛的東西怎麼樣？」唐師說：「快，巧妙。」

形意拳的功夫出在腿上，腿快的人打腿慢的人，猶如拳擊裡重量級打輕量級，能有這麼大區別，而且腿上出了功夫，拳頭的衝撞力就大。所以，說一個練形意拳的人腿快，就是在說他技擊厲害。唐師當年和孫祿堂齊名，以腿快著稱，他能認可薛顛快，我就信服了薛顛。

至於薛顛的巧妙，體現在他的飛、雲、搖、晃、旋中，提取了形意拳的精粹，練的不是拳招，是大勢。有一個可解釋「大勢」的事例——我跟隨尚雲祥的近兩年時間裡，沒有人找尚師比武，因為按照武林規矩，低輩分是不能向高輩分挑戰的，而且都知道尚師功力深，沒人動「在尚雲祥身上爭名」的心思。

但有個軍隊團長來挑戰，我們不能按武林規矩將他趕走，其實一看就知道他功夫不行。由於他糾纏的時間太長，尚師就說：「比武可以，得先立下武士字（生死文書）。你把我打死了，我徒弟將我一埋就完了，我要把你打死了，你們部隊不幹呀。」

他有點害怕，但既不立字據也不走，還待著磨。尚師說：「不立武士字也行。這樣，你打我一拳，把我打壞了你就成名了。」

團長一拳打來，尚師身子一迎，團長就後背貼了牆。尚師還跟他開玩笑，說：「我能回敬你一拳嗎？」團長連忙說：「我打您，我都成這樣了，您要打我，我不就完了嗎？」說了服軟的話，這團長就走了，以後再沒來過。

尚師的這一迎，就是大勢。所謂「大勢所趨」，練的是身法的動態趨勢。掄著胳膊打人，不是形意拳。形意拳是撲著身子打人，猶如虎豹，躥出去一丈是這個勢頭，略微一動也是這個勢頭。

雲法的大勢，就是身子往前一撲，又把自己擰拉回來，身子剛縮又把自己推出去，一推就轉了個身。幾次換勁均無斷續，要變化在一起。

如果沒有這種變化，就很容易將形意拳步法練成交誼舞舞步了。薛顛在《象形術》「椿法慢練入道」的章節寫道，站椿時要「慢慢以神意運動，舒展肢體」，站椿也是為了練這種變化。

薛顛的雲法要「蕩蕩流行，綿綿不息」，正如太極拳雲手不是手從左擺到右，而是由左「變化」到右。練擺動甚麼也練不出來，練變化才能出功夫。沒有這種天然之動就沒有變化，硬性地訓練自己，就成了做體操。

有著天然之動，就有了神氣，所以薛顛說雲法在內功上有「丹田氣實之妙」，發勁上有「彈簧、鼓蕩、吞吐、驚抖之機」，身法上有「蜿蜒旋轉，行蹤不定之靈」，極盡變化之能，是長功夫的捷徑，深切體會，可知薛顛的巧妙。

另外，書上沒寫，但薛顛教我時，說雲法可點穴，多教出一個手指翻挺的動作。不管能否點穴，武術一定要練到指尖，手指一彎就是拳，死握著拳是很難練出勁道的。對於雲法，薛顛在書上最後囑咐讀者：「學者，最宜深究其妙道。」

再解釋一下薛顛在書上講的「三頂」：頭頂有衝天之雄，舌頂有吼獅吞象之能，指頂有推山之功。

頭髮根聳起，血氣沸騰，好像大鵬鳥隨時可衝天而起，令人勃發英雄氣概，正是「雖微毫髮，力能撼山」。

舌頭掀起，渾身肌肉振奮，有「丹田壯力，肌肉似鐵」之效。而且舌一頂住上牙床，牙就咬緊了，牙緊手就快，比拚果斷。這頂舌切齒，還要有個「舌根一顫，能發出獅子般巨吼」的意念，但不真吼，含在嘴裡，如滾滾的雷音。身子撲出去的時候要有個狂勁，好像獅子張口，哪怕是大象也把它吞了，不是真張嘴，但嘴裡要咬著勁。有了這股狂勁，能攝敵之魂魄，正是「牙之功用，令人膽寒」。

手指甲裡的肉頂著指甲，遍體筋都牽顫。不但手指要頂，腳趾也要頂，缺一不可。人往往一頂就僵，找一點手腳尖冰涼的感覺，就自然地頂上了。人生氣的時候，會氣得手指發抖，就是牽顫了筋，即便沒練過武，這時候打一拳，練武的人也很難承受，正是「爪之所至，立生奇功」。②

三頂不單是激發勁道的比武要訣，也是保養身體的鍛煉法，我是奔九十的人了，但沒謝頂沒戴假牙，算是頭髮、牙齒保住了，這就是三頂的功效。

雲法的要點，是它的特殊之動。練時不要求快求敏捷，那樣就成了體操、田徑的動。這種動猶如早晨不想起床賴在被窩裡鼓悠的動，猶如深夜裡倦意一起伸懶腰的動，是一種天然之動。③

註釋

① 庖丁為文惠君解牛，手之所觸，肩之所倚，足之所履，膝之所踦，砉然嚮然，奏刀騞然，莫不中音，合於《桑林》之舞，乃中《經首》之會。
文惠君曰：「嘻，善哉！技蓋至此乎？」
庖丁釋刀對曰：「臣之所好者道也，進乎技矣。始臣之解牛之時，所見無非牛者；三年之後，未嘗見全牛也；方今之時，臣以神遇而不以目視，官知止而神欲行。依乎天理，批大郤，導大窾，因其固然。技經肯綮之未嘗微礙，而況大軱乎！良庖歲更刀，割也；族庖月更刀，折也；今臣之刀十九年矣，所解數千牛矣，而刀刃若新發於硎。彼節者有間，而刀刃者無厚。以無厚入有間，恢恢乎其於遊刃必有餘地矣。是以十九年而刀刃若新發於硎。雖然，每至於族，吾見其難為，怵然為戒，視為止，行為遲。動刀甚微，謋然已解，牛不知其死也，如土委地。提刀而立，為之四顧，為之躊躇滿志，善刀而藏之。」文惠君曰：「善哉！吾聞庖丁之言，得養生焉。」

② 參考形意門四梢說：
人之血肉筋骨之末端曰梢，蓋髮為血梢，舌為肉梢，爪為筋梢，牙為骨梢，四梢用力，則可變其常態，能使人生畏懼焉。
（一）血梢，怒氣填胸，豎髮衝冠，血輪轉動，敵膽自寒，毛髮雖微，摧敵不難。
（二）肉梢，舌捲氣降，雖山亦撼，肉堅比鐵，精神勇敢，一舌之威，使敵喪膽。
（三）筋梢，虎威鷹猛，以爪為鋒，手攫足踏，氣勢兼雄，爪之所到，皆可奏功。
（四）骨梢，有勇有骨，切齒則發，敵肉可食，皆裂目突，惟齒之功，令人恍惚。

③ 起落鑽翻中的妙動：
拳打三節不見形，如見形影不為能。虛中含實，實中含虛。奇無不正，正無不奇，奇正之變，妙用無窮。拳無拳，意無意，無意之中是真意，即三回九轉是一式也。

欲濟蒼生憂太晚

晃法不是搖晃的晃（huàng），而是虛晃一槍的晃（huǎng）。薛顛的象形術公開時，並沒有引起非議，因為形意門承認它。作為形意拳的旁文，與形意拳的淵源，在拳架上表現得最明顯的就是晃法。

形意拳看似單純，其實精細，有許多小動作，比如炮拳的落式兩臂一磕，不是砸胳膊，而是一手的拳尖磕在另一手小臂的大筋上，劈拳的起式也要用指尖搓著這根大筋。

對此，董秀升為李存義整理的《岳氏形意拳五行精義》上畫得很清楚，雖然有的地方畫清楚了卻沒寫，寫清楚了卻沒畫，但讀者只要懂得以文索圖、以圖索文，就知道這本書將功架交了底。

形意拳是屬蛇的，蛇就一塊肉，爬樹游水，甚麼都幹了，形意拳一個五行功架，甚麼都練到了。樁法、內功從裡出；打法、演法從裡出。唐維祿、傅昌榮、孫祿堂練

形意拳甚至練出輕功來了。

五行拳是拳母，一輩子離不開，上手就受益。將五行拳的小動作都學到，方能出形意的功夫。十二形就是從五行拳裡變出來的，而練象形術的人能變回五行拳，一練起來，就知道兩者是一個脈。

以上説的是練武練通了以後的情況，但在練武的過程中，象形術作為一個可以標新立異的拳學，有其特殊的教法。老輩人覺得薛顛法眼高，認為象形術將形意拳昇華了一些，我揣摩不是指象形術比形意拳出的功夫大，而是指這個教法能提拔人。

尚雲祥的教法是經驗感染，點滴之間就給出整個東西，唐維祿把同門師兄弟的好東西都摘進了自家門，要甚麼有甚麼，做徒弟的玩成甚麼樣，他都能把你推上道。

薛顛的教法是立了一個新的功架，但我個人的體會是，練象形術的功架反而對形意拳體會更深，這立新架的教法很卓越，讓人自己摸出來。

比如我年輕時在象形術上得了領悟，以後練武卻只是集中在形意的崩拳、蛇形上，與人交手也就是崩拳和蛇形便夠了。但我的崩拳一動，裡面就有象形術的飛、雲、搖、晃、旋含著，如果非要我用象形術打人，飛法一挑，形意拳的劈、崩、鑽、炮、橫都動了。

只用崩拳和蛇形，是我多年練武、比武自然形成的。我的崩拳、蛇形都只是看似崩拳、蛇形的東西，究竟是甚麼東西我也不知道，順手就行了。

學武得整個地學，練功夫的時候，一個動作，甚麼都練在裡頭，比武的時候也要整個地比，甚麼都帶著，管它用的是崩拳還是劈拳，一出手就是整個形意拳——這是練武人最終必須達到的。而在習武之初，只用崩拳、蛇形，就是另一個說法了。

練形意的人是屬蛇的，因為形意拳打法的初步，先要做到「無處不蛇形」。首先形意拳是「地行術」，蛇是肚皮不離地，一鼓肚皮就蜿蜒上了，形意拳是腳不離地，腳下一鼓就換了身形。

形意拳是一動就有步數，身形得換在點上，看著你的動靜，變得越快越好，越小越好，猶如好朋友見面一下就搭上了肩膀，得一下就近了敵身。

身形得靈活，身子靈活腦子就有靈性，古譜有言「寧在一絲進，不在一絲停」，猶如蛇在地上盤來繞去，比武時不能想，步數不能斷，沒招也忙活，忙活來忙活去地就打了人了。

所謂「合身輾轉不停勢，舒展之下敵命亡」，比武不會換身形不行，蛇形就是練這個，打這個。

形意拳的身法不彎腰、不伸腿，從不岔胯，從這個身形換成另一個身形，就是舒展。身形舒展了，勁也就舒展了，碰上就傷，所以形意拳練時怪模怪樣的，打時還怪模怪樣就不對了，舒展是比武要訣。練得越難看，打得越漂亮，這才是形意拳。

形意的拳母是五行拳，而五行的拳母是橫拳，橫拳屬土，萬物歸於土，土含育萬物，生發著劈、崩、鑽、炮，所以橫拳是無形的，橫拳勁是形意拳最獨特的東西。薛顛在《象形術》上說，練拳既不是練重也不是練輕，而是練一個能輕能重的東西。比如象形術飛法輕靈，一挑即撤，搖法沉厚，貼身摔人，但飛法一挑，碰上就是重創，從搖法裡可以打出很快的拳頭。勉強說來，橫拳就是這個「能」。

橫拳是無形的，而有形的橫拳就是蛇形，一橫身子，就有了兜、裹、丟、頂。我年輕時與人試手（試手是試試，較量是拚命），一下把人打出去了，自己卻奇怪上了：「這是個甚麼動作？」回味一下覺得像是蛇形，連帶著橫拳也明白了。

以練八卦出名的申萬林①有個侄子叫申劍俠，隨唐師習武，一年初二給唐師拜年，唐師說：「我也給人拜年，跟著我走吧。」

唐師有個朋友是開鏢局的，一去拜年，知道一夥跤場的人幾天前到鏢局打架，把鏢局弄得要停業。唐師就管鏢局要了三塊大洋，帶著申劍俠去了跤場，說：「一個跤三塊錢，賭不賭？」

形意拳的功夫在腳下，摔跤也是腳下功夫，繞著圈子跳跨，當時賭跤的規矩是「穿上褡褳，摔死無論」。唐師和申劍俠都是兩條大長腿，唐師手小，而申劍俠是大手大腳，他不會摔跤，下了跤場就跟人要蛇形，走幾步就把人甩出去了。

跤場管事的人攔住他，說：「賭三十塊，再來一跤。」其實整個跤場也沒三十塊大洋，是管事的人急了，請出個能手，申劍俠一撞他，感到跟城牆似的，但換了幾次身形，還是用蛇形勝了。

唐師也沒要錢，把來意一說，跤場就表示不再找鏢局的麻煩了。

對於蛇形，薛顛說：「一動手，就是這事，沒旁的事。」象形術的搖法對練蛇形有啟發，蛇形也對搖法有啟發。其實任何一個法都打不了人，打人的是以法練出來的功夫，有了功夫人就活了，天地開闊，無所不是。

至於我所擅長的崩拳，也可以說是蛇形。郭雲深有「半套崩拳打遍天下」的美譽，他歸附在一品官金祿門下②，在滄州打死了人，縣官在監獄旁給他蓋了院子，關了兩年，算是償還了人命。

由於金祿總在光緒父親奕譞③面前說郭功夫高，出獄後，奕譞就讓郭雲深教他，郭雲深來時給王爺磕了頭，就說：「我這拳是拜師磕著頭學來的，我不能磕著頭教出去。」

王爺就免了郭雲深以後再磕頭。崩拳古傳有九法，郭雲深教形意的行勁，必然教到崩拳的轉環崩，教到這就不願意教了，說：「您不用學那麼多，我包你半套崩拳打遍天下。」

崩拳比武最方便，伸手就是，崩拳如箭，發中同時，這份利索是高東西，沒法練，修為到了才能有。我習崩拳的感悟在轉環崩上，轉環崩是槍法，槍法中有轉環槍，就是一槍刺過去，被對方兵器架住，不用換動作，槍桿子一轉就勢扎過去。將這無形的大槍桿子旋起來，就是轉環崩。轉環崩厲害了，等於耍大槍。這個轉環崩似乎是蛇形。把直來直去的拳打轉了，把轉著的拳打直了，這是崩拳的練法。尚雲祥的崩拳如箭，我只能做到耍大槍，尚師說：「練得多，還得知道得廣，最要緊得有個獨門的。」

練拳得找機緣，找出個怎麼練怎麼上癮的拳架，一個猛子扎進去，練的時候一通百通，比武的時候也就一通百通了，手伸在哪兒都降人。別人一站到你面前就覺得委屈，這才是形意拳。

「崩拳有九，鑽拳有六」，鑽拳的六個變招中，學會了兩個就全有了。一個是前手

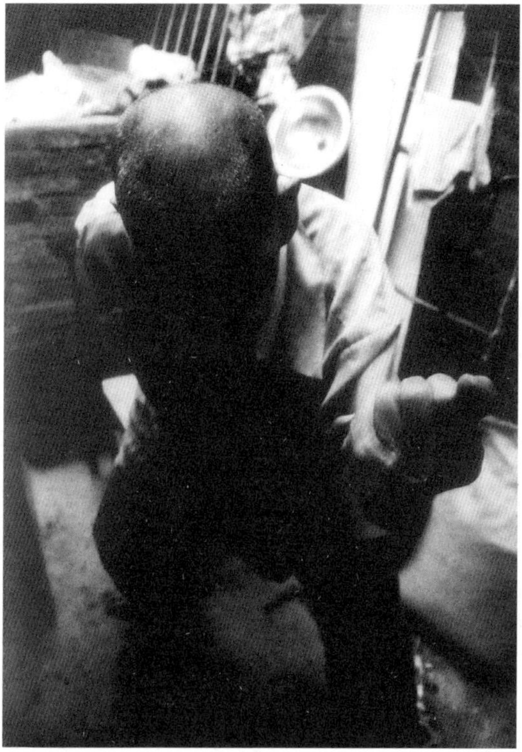

鑽拳

壓住對方，扯帶得後手碾錐子似的碾進去。另一個是，前手一晃，你就撞在他後手上了，變魔術一般，不是障眼法，而是他換了身形。

兩者的前後虛實不同。整體說來，鑽拳不是鑽拳頭，是鑽身子。舊時代北京很冷，冬天商店掛著沉甸甸的棉簾子，人進商店，前手一撩門簾，身子就往裡鑽，身子一動，手上搭的分量就卸了，人進了門，簾子也剛好落下，有道縫就進了人。這是生活裡轉換虛實的現象，形意拳的「換影」也是這個。

象形術的晃法類似鑽拳的這一變。一晃即逝，讓人摸不著你的實在，說不實在，虛裡面隨時出實在。捕住實在一較勁，實在又跑了，能跑在你前頭也就打了你。所以象形術的晃法不是搖晃，而是虛晃一槍。

師傅教徒弟，會和書面教授不同，我所學的晃法和書上的拳架略有不同，披露出來，希望能對現在照書自學的人提供個參考。

薛顛傳我的晃法是一個類似於鑽拳的動作，接一個類似於虎撲的動作，再接一個類似於虎托的動作，周而復始。練的就是移形換影，跑實在。④

三個動作，變化無窮，虛實不定。開始練時可以將實在「跑」在虎撲上，鑽拳一晃，兩手就撲上敵胸膛，要實在得能穿膛破胸。虎托可以更實在，也可以將實在跑了，兩手一攪和，變撲為托，實在就不知道給兜到哪兒去了。就著這個糊塗勁，又晃上了鑽拳。注意，形意拳因為小動作多，所以練時越是一招一式越長功夫，而象形術不是一招一式的，晃法的三個動作是一個動態，鑽拳、虎撲、虎托都含在這一個動態裡。可以說它就是一個虎撲，只不過虎撲的起手勢游移了點；可以說它就是一個鑽拳，只不過鑽拳的落勢有點拖泥帶水；可以說它是虎托，只不過托得有點不著邊際。說它甚麼都不對，勉強稱為晃法。

以上講的是拳法，拳的根本是「舌頂上齶，提肛，氣降丹田」，沒有這個，練拳等於瞎跑趟，較上丹田有立竿見影之效，動手能增兩百斤力氣，不較丹田，比武要尋思怎麼動勁，而較上丹田，不知不覺就動上了勁。

練拳有練屣了的，一練拳就害怕，這是不較丹田的緣故，練得自己中氣不足，憑空消耗。較丹田還能治病，我五十幾歲得重病，兩個月低燒，渾身疼，就較丹田來止痛，跟抽鴉片一樣上癮，哪裡痛就自然地調節上哪裡。

但手電筒不能總開著，丹田也不能總較著，該關就關。練拳是靈活的事，得會自己照顧自己。尚師不站樁、不推手，身子一動，劈、崩、鑽、炮、橫就有了。我向薛顛習武後，將薛顛教的都向尚師作了彙報。尚師聽了我學的樁法，就說：「站完樁練練熊形合葉掌，有好處。」

合葉就是門開合的鐵片子，這個熊形的動作就是兩手在腦門前來回蕩悠，忽然向左右撐出去再縮回來，繼續蕩悠。站樁孕育有開合力，這個熊形能把站樁修得的功夫啟發出來。

尚師有言「全會則精」，全都會了，自然就精明，精明了，隨便練點甚麼就全都練上了。不能融會貫通，就練不了形意拳，對於修習形意的人，象形術是個啟發。

象形術的拳架沒形意拳精細，它就給出個大的動態趨勢，該練甚麼自己玩去。這個基本的動態，《象形術》一書中畫得很明白，至於它所引發的變化，就沒法一一畫了，否則讀者無所適從，反而不利於自學，所以它的拳架一定是簡單得不能再簡單。

薛顛寫書就是希望不會武的讀者也能夠自學，強國強種。可惜，我覺得練形意拳的人有可能自學成功，而沒練過形意拳的人便不好說了。

不管這個理想能否實現，先明白薛顛寫書是這麼個心意。

註釋

① 申萬林是河北省人，曾經在少林寺學藝，學得通背拳、劈掛拳、戳腳、翻子拳、少林拳、鷹爪拳、太極拳、形意拳等，有「全拳王」之譽，後在朝廷做武術教習。一九〇〇年，八國聯軍打進北京，清政府為滿足其要求，組建了鎮壓天津老龍頭火車站「單刀李」李存義及其弟子的「華捕隊」，把申萬林編入其中。申萬林知悉此事後，為了形意同門情誼，辭官而去，經寧河縣商人高長波介紹，來寧河縣蘆台鎮教習形意拳術，弟子眾多。

② 以一品官爵而論，金祿也許是榮祿之誤，或是榮祿另名?此事待考。
榮祿（一八三六—一九〇三），字仲華，號略園，瓜爾佳氏，滿洲正白旗人，官至總管內務府大臣。

③ 醇親王愛新覺羅·奕譞（一八四〇—一八九一），字樸庵。清道光帝第七子，故一般稱為七王爺。

④ 手法、足法：手法者，單手、雙手、起手、拎手是也。起前手，如鴉子入林，須束翅束身而起；推後手，如燕子抄水，往上翻，藏身而落，此單手法也。如雙手，則兩手交互，並起並落，起如舉鼎，落如分磚也。
至於筋梢發，有起有落者，謂之起手；筋梢不發，起而未落者，謂之拎手。總之直而非直，曲而非曲，肘護心肋，手撩陰起，而其起如虎之撲人，其落如鷹之抓物也。
足法者，起鑽落翻，忌踼宜踩。蓋足起，膝起往懷，膝打膝分而出，其形上翻，如手起撩陰是也。至於落，即如以石鑽物也，亦如手之落箱同也。忌踼者，一踼渾身都是空也，宜踩者，即如手之落鷹抓物也。
手法足法，本自相同，而足之為用，尤必知其如虎之寧無聲，攏龍之行莫測也。

薛師樓下花滿園　今日竟無一枝在

飛、雲、搖、晃、旋這五個字便可令人受益，因為將比武的要點揀出來了，知道如何比武，練武也就有了方向。現在讀者看《象形術》一書，往往在飛、雲、搖、晃上能找到技擊用法，而看旋法就沒了頭緒，其實旋法是比武的第一關鍵。

近來收到讀者來信，有三個問題都是問站樁，拳法與樁法是一個東西，此次講旋法，便一併講了。這三個問題是：

一、李存義不站樁卻成就了功夫，樁法如何融入拳法中？

二、您屢次說用腦子練拳，光想想就行嗎？請您說明想與動的關係。

三、我近來站樁總感沉重，好像壓了一座大山，請問這是何現象？

老派的形意拳不說站樁，只說是「校二十四法」，二十四法是三頂、三扣、三抱、三圓、三擺、三垂、三曲、三挺，不知二十四法就不知人體之妙，如「虎口圓則力達肘前，兩肱圓則氣到丹田」，有過多少實踐方能得出這結論。

形意拳任何一招都可以站樁，但要求一站就要二十四法齊備，否則比武必敗，沒二十四法甚至不敢練拳，因為五行拳功架聯繫著五臟，一法不到身體就受了傷害。

練武最容易傷的一是腦子，二是眼睛，覺得腦子糊塗，眼睛有壓力，要趕快以二十四法來校正自己。《象形術》也是以二十四法為篇首，它是形意拳的根本，猶如和尚的戒律，自學者找不到老師，就要以二十四法為師，時刻保持警醒之心。

剛開始學拳不敢動，就是在校二十四法。而站著不動地校正，是唬不了自己唬得了別人，站了一段時間後，別人瞧著是模是樣，可自己知道差得遠。練拳是唬不了別人唬得了自己，一旦活動起來，就甚麼都顧不上了，一動就沒，自己還覺得挺帶勁，而別人眼裡看去，毛病全顯出來了。

所以練拳要有老師看著，否則對自己越來越滿意，麻煩就大了。練拳的第一個進境，就是有了自覺，能知道自己的毛病。站得了二十四法，一動起來就沒，這是無法比武的，所以椿法必須融入拳法。

練拳無進步，就要重新站著不動地校正功架，去揣摩這二十四法，動也是它，靜也是它。否則靜不下去也動不起來。

形意拳的成就者在習武之初都是要經過嚴格校正二十四法的階段，沒有這個，不成功架。我一見薛顛打拳，就感慨上了：「這才是科班出身練形意拳的。」

他的功架太標準了，可想他在練武的初始階段下了多大工夫。我隨尚雲祥習武時，尚師也是給我校二十四法，讓尚門的師兄單廣欽看著我，單師兄甚至比尚師對我還嚴格，他對我說：「我跟你起嘔（較真），是看得上你。」他在尚門中威信高，他能善待我，我也就在尚門中待住了。

靜立地校二十四法，誰都得經過這一階段，但不見得功夫出在這上頭，有人是不動就不出功夫。渾圓樁是薛顛推廣的，和校二十四法稍有區別，校二十四法是有所求，渾圓樁的意念是無所求，就這一點區別，這區別也是強說的。

無為的要站出靈感才行①，有為的得站空了自己才行，校二十四法與渾圓樁說到底是一個東西。津東大俠丁志濤是我的妻兄，他的渾圓樁不是我從薛顛處學了再串給他的，而是他自己有奇遇。他與妻子不合，賭氣離家，不再殺豬，跑到鐵路上當警察。

那時他父親對我說：「大喜子（丁志濤小名）不回家了，咱倆把他找回來吧。」我倆到了居庸關火車站找到了丁志濤，他那時就學了站樁，他說他在北京南城鐵道旁的新開路胡同住過一段時間，當時總去陶然亭練武，一個練形意拳的老頭教了他渾圓樁。

丁志濤學的樁法與薛顛的一致，這老頭的名字我記不得了，他住在天橋，不是賣藝的，他帶著丁志濤在南城牆根底下練了十幾天。舊時代講究找門道，練武人背後無官府財團的勢力，難以維持，所以就有了許多落魄的高人，一生名不見經傳。這個天橋老頭就如此。

唐師總是把自己的徒弟送去別門再學，沒送過丁志濤，但那老頭一見丁志濤練武，就追著教了。可惜丁志濤沒有傳人，如果在我不了解的情況下，他收了徒弟，我願意相認。

丁志濤後來在鐵道上成了一個小領導，一年他帶槍來看我，把我老母親嚇了一跳。他是很慷慨的人，美男子，在寧河家鄉口碑很好，只是太喜歡手槍，一時招搖了。

練武要像幹一件隱秘的事，偷偷摸摸地聚精會神，不如此不出功夫。尚師早年在一座大廟的牆根練武，有人圍觀，他就不練了。一次廟裡的和尚帶頭，連哄帶逼地要他表演，尚師一趟拳走下來，把廟裡的地磚踩裂了一片，說：「我腳笨。」和尚也沒讓尚師賠磚。

尚師的鄰居都知道他是武術家，所以尚師晚年就在院裡練武，不避人了。尚師隨便活動活動就是在練功夫，偶爾練練的只是五行拳。尚師打拳也是一招一式的，一點不稀奇，只是穩得很。

尚師用腦子練拳，正像學舞蹈的人，觀看別人跳舞，坐在座位裡身子就興奮，彈鋼琴的人一聽音樂手指頭就不安分。練武也如此，想和動不用聯繫，自然就應和上了。比武是一眨眼生死好幾回，一閃念就要變出招來，只有以腦子練武，才比得了武。

站樁也要練腦子，至於說站樁站得像有大山壓著，也許是長功夫的好現象，但更可能是站塌了腰，沒有做到三頂中的頭頂（發頂），頭部、肩部委頓著，就算有再美好的意念，也出不了功夫。

拳勁起自腰勁，只有頭虛頂了，腰裡才生力，站樁首先是為了生腰力，脊椎彎扭甚麼都生不了。由此可見二十四法是動靜不能離的根本。

站樁生了腰力後，脊椎敏感時，要讓樁法動起來，可以嘗試一下薛顛的蛇形。蛇行是肩打，「後手只在胯下藏」，後手繞在後臀胯下，貼著尾椎骨向上一提。猶如馬尾巴奓起來，才能跑狂了，撐上這個勁，尾椎奓了，肩膀才能打人。這是樁法融入拳法。

至於薛顛的馬形，叫「馬形炮」，手勢與炮拳相似，猶如馬立著前腿蹬人，也是在腳上有勁撐著。馬形藏著腿擊、絆子，跟著手變。形意拳是主要攻中路的拳，崩拳要坐腰，一坐腰，人就低躥出去，正好打在敵人的胸膛、小腹。站樁時也要揣摩提腰坐腰，微微活動著。這是拳法融在樁法中。

程廷華在交道口南邊的大佛寺有房，他和尚師在過年時試上手了，兩人相互繞。程的老父親很不高興，說：「你倆這是過年，還是拚命。」兩人就住了手。

八卦掌走偏門，一下就搶到人側面，與練八卦掌的人交手，就能體會到崩拳的轉身動作——狸貓上樹的巧妙，狸貓上樹可對迎敵人攻側面。

形意拳打法的要訣也是攻側面，叫「走大邊」，自古相傳的「轉七星」就是練這個。唐師說：「走大邊，倆打一。攻正面，一對一。」攻敵側面，等於兩個人打一個人，正面迎敵就吃力了。唐師有腿快的名譽，不單善走，還能迅速搶到敵人側面。

形意拳通過幾百年實踐，已經淘汰了許多東西，十八般兵器只剩下劍、棍、刀、槍。對於古譜中的打法，也淘汰了很多，比如「腳踏中門奪地位，就是神手也難防」。把腳插進敵人的兩足之間，一個進步敵人就會跌出去，但這機會很難得，比武一上來就插腿，根本就無從下腿。所以此法就限制在頭打時，兩手擒住敵人兩手的情況下，此時插腿，等於把敵人摔出去，頭上使一點勁就行了，否則就比誰的頭硬了，搞不好撞得自己頭破血流。同樣，臀打與腳打都是盡量少用，那是敵人敗勢已露，破綻百出時才撿的現成便宜。

形意拳還是主要以拳攻人軀幹，把敵人打亂了，那時用甚麼都好使。李存義的《五行拳圖譜》沒有十二形，沒有對練圖，薛顛的《象形術》最早是用採光紙印的。

象形術，顧名思義，是從禽獸動態、山河之變的現象中得來的，但比武時又不能露了象，武術沒有勝相，露了象就是敗相，無形無象才是象形術。所謂象形取意，要緊的是得這個拳意，薛顛的旋法是走大邊的訓練，狸貓上樹也含在裡面。旋法除去書上的圖畫，還有一式，叫「猴扇風」。

猴扇風的兩隻手揚在兩隻耳朵旁，敏感著左右。這一式，就是在防備著敵手攻自己的體側。對手攻來了，就勢一轉，反而轉到了敵人的體側。然後，猴掛印、猴擼棗就隨便使了。

尚雲祥的蹦跳一下能躥出去一丈多遠，離人兩步的距離下發拳，自然崩拳如箭，發中同時。尚師在大邊上直來直去，這是尚師的智取。尚師臨敵有分辨之明，不管別人如何轉，尚師一進身就踩在大邊上，別人就說：「這老爺子，腦子了不得。」

八國聯軍進北京時，日本使館的也跑出來殺人，李存義就帶著尚雲祥找去了，在使館外殺了日本人，然後尚雲祥藏在北京，李存義逃去了天津。

「假練武的是非多，真練武的無是非」，真練武的人有點時間就陶醉上了，哪有時

猴扇風

間説是非？尚師是無是非的人。尚師去世後，有一位郭雲深後系的拳家，他的弟子在天津一度發展起來。對於這位拳家與尚雲祥、薛顛比武的傳聞，我作為尚、薛的弟子，不知道有此事。

薛顛説話土裡土氣的，但一雙眼睛迥異常人，神采非凡，他武學的繼承者叫薛廣信，是薛顛從本族侄子輩裡挑出來的，比我大三四歲。他大高個，剃光頭，相貌與薛顛有七分相像，表情幾乎就是一個人。他一天到晚跟著薛顛，但薛顛授徒都是親自教，沒讓他代勞過。

唐師説：「我是個老農民，我師哥尚雲祥可是全國聞名。」他讓我拜入尚門，一是讓我深造，二是看上了尚雲祥的名聲，想讓我藉上尚雲祥的名聲，在武行裡有個大的發展。

後來讓我拜薛顛也有此意，這是唐師想成就我，可我一生不入武行，算是辜負了唐師的期許。唐、尚二師均有家傳、弟子兩系在發展，薛廣信如在世也不用我來囉唆，此番能寫文將薛顛的五法講完，雖都是泛泛之談，對我已是了足了心願。

① 下文可作「靈感」二字參考：

夫武技一道分內外兩家。外家練藝由外及內，重姿勢，講勁力。內家練藝由內而外，重養氣，講存神，意動而神發。實為殊途而同歸也！

內家練藝，前虛後實，重心偏後足，前足可虛可實，或三七或二八，隨意而調之，用意而不用力，虛其心，實其腹，意念與丹田相合，進退靈通，毫無阻滯。進則如弩箭在發，直出螺旋而行。退則如飛鳥投林，飄然而返，勇往迅捷，絕無反顧遲疑之態。

習藝時心中寂空，旁若無人，無念無想，渾然與天地融為一體，雖姿勢千變萬化，然不勉而中，不思而得，所謂從容中道者是也。拳經云：形無形，意無意，無意之中是真意。心無心，身無身，身心之外無空門。如來佛祖曰：「空而不空，不空而空，是謂真空」。豈非武學之不二法門？蓋靜者動之基，空者實之體。

心中空虛則靈而不昧，有大智慧，明悟頓生。人來擊我，不必刻意防範，只隨意漫應之，出手如鋼鏗，回手似勾竿；起無形，落無蹤，去意好似捲地風，動、靜、虛、實、陰、陽、剛、柔只存一念之間。飄忽不定自有制敵之功。

靜為體，動為用，陰陽相摩萬象生。拳發三節不見形，如見形影不為能；寧可一思進，不可一思忖，以至舉手投足、行止坐臥皆可為用。所以無人而不自得，無往而不得其道，以致寂然不動，感而遂通，無可無不可，此乃養靈根而靜心者之所用也。

第五編

李仲軒竅要談

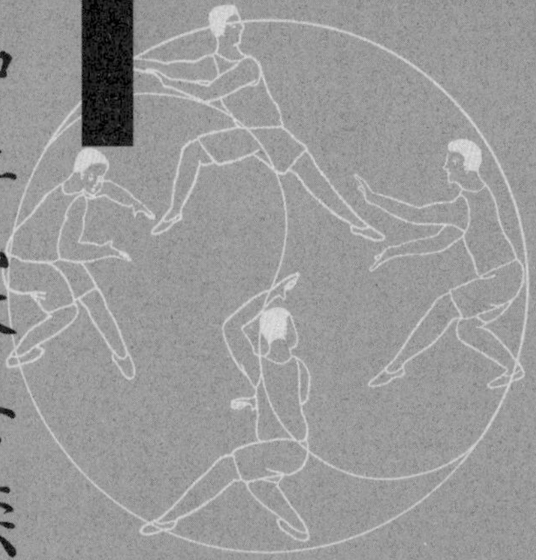

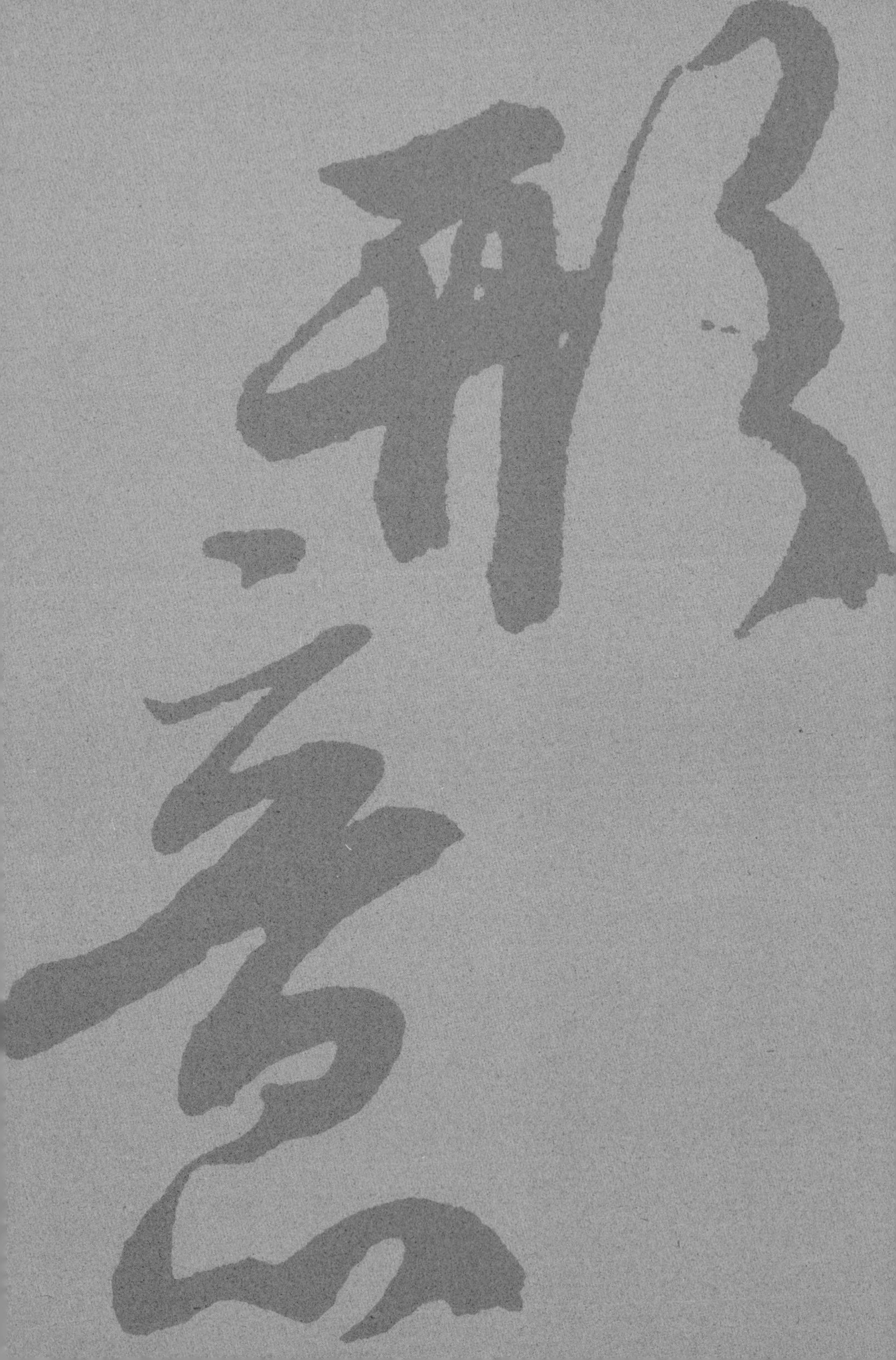

遂將三五少年輩　登高遠望形神開

——李仲軒老人答讀者問

問：

仲軒太師爺，請允許我這樣稱呼您，我的師承是李存義—劉雲及—崔振先這一支。崔振先是我太師爺，他曾被薛顛吸入門下，所以稱呼您為太師爺應屬分內。我們這一支的教法是，打劈拳時鬆柔不用力，腳下動步時，要求一提一放，這樣使不出勁來，可還得做出趟步的勁來。不知這樣意義何在，又如何能做到？

答：

你要聽你師傅的話。你的師傅是對的。武藝是以氣用力，道藝是以神用氣，更高一籌。形意拳是道藝，想不明白，是當然的。這是高東西，只能練明白。能和你們聯繫上，我很高興，薛顛的武學沉寂了這許多年，以後還要靠你們去發揚。你知禮，你這個後輩我認了。

問：

我今年二十八歲，也喜形意拳，因練習出了偏差，想向您請教……（列舉了自身多種病症）某書中說有種怪現象，凡練功即成時，總有突發之阻撓——正與我感覺相同。

答：

形意拳要用神，神是自然而然的，意是做作的。先從做作到自然，作了意還要入神。你練樁功而腎痛，中醫講久站傷腎，而形意拳是久站強腎。之所以沒有收益，是因為你沒有入神，練武要像寫字、畫畫、奏樂般享受，才是練對了。形意拳不是力氣活兒，你要學會調養自己，站樁要領、姿勢可從拳譜上找，而入神要自己體會。至於你說的練武練到一定程度後有魔障，以我的眼光看，不是你到了一定程度後出的偏差，而是你一開始就錯了。形意拳應該越練越有受益才對。以你現在的虛弱程度看，要繼續求醫。讀書有書呆子，練武也有武呆子，不要做武呆子。

問：

李老師，對於您說的像流血一樣的狀態，要通過甚麼樁法方能練得？

答：

流血的狀態是唐師的後人講的，我沒有這個説詞。從拳理解釋，要練得身形似水流，打拳不是較勁，站樁也不是死站，要有神，一念之間身上要有感應，形容這種感應可以説流水也可以説流血，這是個好詞。你可好好參看薛顛《象形術》中的「武藝道藝之別」的説法。

武藝練氣，道藝練神，從力氣上出來的功夫不會有這種如水流的感應，從神上出來的功夫，是如水流。沒有這種感應，就沒有身法的神奇，光會換步還不是形意拳的身法。形意拳是道藝，作為習者，你要懂得向上求索。

象形術是一種別樣的形意拳。發之於外謂之形，含之於內謂之意——這是對形、意二字的解釋，如何成為拳呢？含之於內的意，可發之於外，發之於外的形，可含之於內——如此方為形意拳。

形意拳站樁時，目光要遠大，眼神要放出去。打拳時，目光盯著指尖或拳根，隨著拳勢而盼顧，但餘光仍要照著遠方——這都是將意發之於外的訓練法。

如何將形含之於內？這是老輩拳師不輕傳的東西。以炮拳為例，炮拳總是兩臂一磕，頂槓而進，有出手沒有收手，其實槓出去後，還有個身子向後一聳的動作，這就是炮拳隱蔽的收手。

說是個動作，便錯了，很微，甚至不必做出來，心領神會地聳一下即可。有此一聳，就出了功夫。象形術的搖法也如此，搖法似向身後划槳，還有水蕩槳的向前一蕩，這一蕩不是實做，也是心領神會，而且不是揣摩體會，一剎那靈光一閃，想慢了就不管用了。

這兩例便是含之於內的形，比武時，真正厲害的，是這種打拳時不打出來的東西。形意拳簡單，象形術更簡單，但內含的形豐富，如此方能善變，不是打拳時變，變在比武時。不必我一一舉例，讀者自可從《象形術》一書中找消息。

形意拳先教「行勁」，行對了勁，也就找著了身法。象形術先教身法，晃對了身法也就找著了勁，象形術晃法是在找勁，能找著自己的勁，也就能找著別人的勁，碰上就倒。

不管從何入手，都是要從一個東西裡教出兩個東西來。身法與行勁，一有全有，一個沒有，兩個都沒有。這是教法的不同，不是本質的不同。不是薛顛法眼高，是有人只應薛顛的機關，在薛顛手裡才成就了武功。

比如學書法，總要先從楷書裡學出來，學出筆力才算書法。而宋代米芾橫平豎直地寫了幾年，卻寫不出筆力，結果一看王羲之的行書，筆鋒盼顧多變，一下就悟了，筆鋒一變也就有了筆力。書法上有米芾的先例，拳法上有薛顛的教法。

年輕時，唐維祿的徒弟中，丁志濤是「津東大俠」，我是「二先生」，有老前輩們戲稱我為「小李二爺」。我從小不愛吃乾飯，走到哪兒都要粥喝，當年有「小李二爺愛喝粥」的說法。還有就是說我字好，有一度走到哪兒，哪兒的人都讓我留字。

張鴻慶留過我的字，他是我未磕頭的老師。我向他求教時，他在天津陳家溝子一個店裡做事，常年住店，也不知他有沒有家人。見不到他練武，只見著他賭錢。他非常聰明，這份聰明是練武修出來的。

形意拳練神不練力，有了神也就有了力。如何生神？要三頂、三扣，張鴻慶坐在賭桌前也能養住神。前面說了，打拳時有不打出來的拳，練法是一閃念，在平時生活中也要時不時這麼閃閃——張鴻慶就這樣，但一般人不能學他，賭博亂性傷神，是習武者的一戒。

記得以前有篇文章說，形意拳講求悟性。如果說形意拳是岳飛傳下的，那麼祖師是三國的姜維。姜維傳人周侗教出了岳飛、盧俊義，姜維後代教出了羅成的羅家槍。

姜維文武雙全，對諸葛亮說：「丞相，文我不如你，武你不如我。」諸葛亮就與他比大槍，結果姜維敗了。諸葛亮是智慧的化身，賢者無所不能，一看就會，一會就精，若論三國武功，呂布、姜維都要次之，頭牌是諸葛亮——這是二十年前《北京晚報》上的文章，依我看，它說對了，比武比的是悟性。

不能自悟自修，只會跟著師傅，今天聽個好東西，明天聽個好東西，好東西是聽不完的，這樣沒出路。大部分佛經都是阿難寫的，他跟著釋迦牟尼，今天聽個好東西，明天聽個好東西，結果釋迦一涅槃，釋迦的徒弟裡，只有他一個人沒能成就。孔子誇他一個徒弟能舉一反三，不是誇誇就完。「舉一反三」是學會一個東西的唯一方法。

我已經老朽，望有悟性者能參此《象形術》，以書為師，便認識了薛顛。

一生傲岸苦不諧

沒有形意拳的基礎，而直接照書自學象形術，必然有許多困惑。而系統地講解形意拳，又不是雜誌的篇幅。薛顛當年以猴形聞名，猴形的第一變是猴蹲身，形意拳練法的起點也是猴蹲身，此次便披露這一式，希望能對自學象形術的讀者起到畫龍點睛的作用。

形意拳的勁道叫翻浪勁，海浪反反覆覆，跌宕起伏。猴子一警惕，立刻縮身，危機一到，可向四方彈起。不懂得蹲身、起身，就練不出翻浪勁，薛顛是在猴形裡出的功夫，他一米八幾的個子，一縮身一小團，所以別人說薛顛能把自己練沒了。

李存義不大教十二形，我們這一支如果沒有薛顛也就沒有十二形。從薛顛的角度講，劈拳起手勢、半步崩拳都是猴蹲身，這樣十二形就入了五行拳，其實這是五行拳該有的東西。但不特意講一下，自學者就不知重視。

翻浪勁要從「坐腰起腰」裡練出來，腰一坐，膝蓋就蹲了，猴蹲身首先能將膝蓋練出來，沒有起伏哪有翻浪？手臂做出翻浪狀，這是假起伏，比武時沒用，遇上強手，一碰就沒。兩胯有翻浪狀，方是真起伏。不見形的翻浪——這無從講，只能講有形的翻浪，無形的要從有形裡練出來。

形意拳的根本是敏感，有人上戰場殺得敏感了，有點風吹草動，脖頸子就一激靈。但反應快了也還會捱打，因為這只是意識到了。驚脖頸子沒用，得驚尾椎子。反應是反應，反擊是反擊——這是許多人比武上不了檔次的原因，反應和反擊在一塊的法子，就是驚尾椎子。脖頸子驚了，還得準備動作，尾椎子驚了，自然就有動作發生。能坐腰，就能驚尾椎。猴蹲身時要聚精會神、全身貫注，這兩個常用詞，就是至關重要的竅門。

在形上講，蹲身對渾身筋骨都有好處，但要是不動意，功夫練不成。蹲身時要讓肉體聯繫上精神。神不練，光肉練——尾椎是驚不了的。縮身、團氣、凝神、驚尾椎，這就是猴蹲身的精義了。

同樣，猴扇風也是要用神練，猴扇風沒甚麼動作，就是兩手在耳朵旁扇扇，學猴形沒學到神，就會學出一身滑稽。

說形意拳難看也主要是有這個猴蹲身，練拳時，處處都有隻猴子蹲著，可想這一式的重要。猴蹲身之後，有張狂的招數。蹲身先練了膝蓋，所以猴蹲身一變，就是揚身膝擊，名猴掛印。這一蹲一揚，正如劈拳的一起一伏，也如崩拳的一緊一弛，只不過猴形放肆，劈崩含蓄。

猴掛印的下一變是猴摘桃，就是抓敵人臉，潑婦打架一般，這是為膝擊做掩護。不抬腿是立於不敗之地，抬了腿是兵行險道，得有收場、後撤的伎倆。這連抓帶點，練著滑稽，打起來狼狽，但這一番亂七八糟，興許就亂中取了勝。比武時要懂得挑事端、找頭緒，無理取鬧一下，也許就亂了對方的方寸。

人在抬重物時，會用蹲身起身的方法抬，摔跤要用上腰胯方能勝人，一掄拳頭反而忘了。滿族人的跤法叫韃子跤，連踢帶摔，一近身就用腳鐽人脛骨。光緒的父親奕譞當時綽號「大力神」，是韃子跤高手。有的跤場就託名是他傳的跤，那就不好惹了。韃子跤的基本功，一是跳黃瓜架，傳說滿族人摔跤的祖師家裡種黃瓜，早晨起來就在黃瓜架下跳胯。

第二個有趣的基本功是擼草繩，就是一根小孩胳膊粗的草繩子，來回擼，體會「勁在兩頭」的感覺——象形術搖法便是練「勁在兩頭」，虛了這根繩子，或輕或重地練。

猴掛印 2

猴掛印 1

猴掛印 3

飛法在生活中常人也總用，比如過年時放鞭炮，點炮信子時，拿著香頭的胳膊上的那種感覺，就是飛法——沒這個拳意，不成功夫。飛法可以用在劈拳中，我們的掌是「叉叉手」，五指根都要叉開，一掌劈出去，含著掌心，精神在食指尖上。可以將這根指頭當成點炮的香頭，找著這感覺，象形術就進了形意拳。

其實，飛法是形意必得練出來的東西。但往往人練出來了卻總結不出來，因為功夫是自然而成的。而且不管總結得多高明，只要落成文字，內行人見了，總有「這少一句，那少一句」的感慨，武術這東西，說不全的。

薛顛將這個要點預先揀出來，是他的教法。碰上資質好的人，會舉一反三，說的少也等於全說了。

雲法不是雲手，而是雲身子，為體會雲法可以轉轉鐵球。十幾斤的鐵球，抓在身前，能令人身子前後失衡，手上的鐵球一轉，全身的重量都調整上了。這個轉鐵球之法可以和雲法相互參究。能雲身子，也就能變換身形地進退了。

晃法有舞大旗的意思，旗面的婀娜多姿，是旗桿子帶出來的，這是以實帶虛；旗面也能以虛掩實，藏著的旗桿子隨便一點，就能傷人；舞大旗舞急了，旗面的布能把人臉抽得生痛，這是以虛變實；拿刀砍旗桿，旗桿一晃，旗面就把刀兜住了，這是以實變虛。

旋法是象形術裡的小八卦掌。形意古傳的身法練習是轉七星，將七根竹竿插在土堆裡，來回繞。練到後來，竹竿要插成一條綫，間隙很緊，仍能閃進閃出，方是轉七星成就了，這是訓練攻偏門。

八卦掌的出現對形意拳是個促進，在八卦掌這片天裡試試形意拳，才能知道形意的潛力。有人說形意就是攻中門，八卦就是攻偏門，兩者相互克制——哪有這回事，八卦裡有形意，形意裡有八卦。形意也講究攻偏門。

練的功架是形意拳，比武時的變化也是形意拳。往深裡講，比武時的變化，才是真的形意。練武時的一招一式，是在練隨機應變。害怕比武時被人打死，就不能在練武時把自己練死。

我們李存義這一支一趟拳練完的收勢動作，是轉身收勢。《象形術》一書上畫的旋法動作，近似於李存義傳下的崩拳的收勢動作。一個收勢也是小八卦掌——這是形意拳容易被忽視的地方。練拳要找捷徑，但也要踏實，五行拳功架不枉人，一點一滴都有妙處，只要都練到了，比武時就明白自己練的是甚麼了。

能硬打硬進，也不硬打硬進，一對一，可以硬碰硬，但一個對七八個時，怎麼辦？

練武修出的勁道跟人硬拚了，那麼練武修出的靈性幹甚麼呢？內勁是虎，身法是龍，功力足還要智慧深。只能力勝，是俗手，能智取方是高人。

尚師強調智取，他與當時八卦掌最高成就者程廷華有過一次試手，打了這一架，就知道形意拳甚麼最寶貴了。可惜尚師沒有留下文字，薛顛留下文字了，要珍惜。比武時，腳下一邁步要有指向，練武不是光練一身力氣，關鍵要把方向感練出來。李存義寫書招來天大麻煩，很多人找到國術館，一坐下就說：「聽說，你們爺們兒厲害了。」這個話茬沒法接，李存義乾脆就比武。

尚師、唐師當年見過李存義比武，均說他與人交手沒回合，只打一個照面的架。這是方向感卓越，光勁道強，腳下不會捕人，不會這麼利索。唐師欣賞薛顛，也是薛顛在這方面天賦好。

形意要「如犁行」。犁在地下走，將土地掀了。形意拳功夫在腳下，勁是自下而上的，就算是一掌劈下去，效果也是把對手連根掀了。如犁行的另一個講法是，正如拉犁得有個方向，農民犁地都是一直道、一直道地犁，這樣一塊地很快就都犁到了，要是沒個準頭地亂來，一塊地就怎麼也犁不完了。

犁在土底下，向前要有準頭，比武時腳在身子底下，也要有準頭。不知道如犁行，就不知道身法是如何變的。學會省時省力，自然技高一籌。

擒拿也要走偏門，拿沒打快，但你走在別人偏門上，別人就快不過你了。懂了旋法，與一般人交手，一個鷹捉就夠了。

我老了後娛樂就是下下象棋，七十幾歲在街邊下棋時，遇上了一個練拳的，他當時四十多歲，別人叫他「大生」。他連輸給我幾盤，我要回家吃飯，他用手抓住我領子，說我一走就打我。

我一個鷹捉將他按在地上，鬆了他，他就掄拳頭，我再捉住他，順著個崩拳的勁把他甩出去了。圍觀的人不知道，他心裡明白怎麼回事，立刻對我恭敬了。我不讓他跟人說我會武，他也不好意思說。此人後來問我武術的事，我說：「別談了，有時間下棋吧。」

練武時，腳下有準，手上也要有準。形意拳是「拳從口出」，拳從腰裡升到自己的嘴跟前，再遞出去——這個練法很妙，調動人的精神來打中綫。練拳時得有個衝擊點，點子對了，拳架才能整。能打在自己中綫上，全身的重量就上了拳頭。

明白了拳從口出、如犁行，在「全身重量上拳頭」的過程中，也就找著了六合（肩與胯合、肘與膝合、手與足合）。功架整了，自然要求變通，揣摩六合在力學上的妙處，也就找著了三節（臂的三個關節、腿的三個關節、軀幹的三大關節），三節可以整成一節——這是意境上的說法，以意境而論，也可以說三節無窮盡，爆炸力是整勁，一條蛇，擊其首則尾應，擊其尾則首應，這也是整勁。

一般練形意拳都是從劈拳裡打出來，尚雲祥是個例外，他是從崩拳開始學的。李存義當年教他有「先考驗一下」的意思，沒系統教完，主要是崩拳，因為崩拳的起手勢是劈拳，校正了一下劈拳拳架，等於劈拳也教了。劈、崩、鑽、炮、橫各有各的變招，而只有崩拳是一小套拳，因為崩拳轉身的招數多。

形意拳主要是攻中路的拳，所以崩拳是形意的重點。崩拳伸手就是，沒有劈拳那麼嚴格的「拳從口出」的動作。但這一小套拳中含的「狸貓上樹」「懶驢臥道」都是拳從口出，而「後手撩陰」的變招「反手刺喉」也是擦口而出。因而崩拳中也有這個訓練，這是形意拳的基本。按照拳從口出、如犁行的練法，對己對人也就有了綱領。

我與丁志濤當年在寧河都有慷慨仗義的名譽，也喜歡自己有俠名。我倆的師傅唐維祿綽號「北霸天」，聽著兇，其實唐師無權無勢，時時善待他人，這不是老百姓叫的，是武林朋友叫出來的，說唐師在河北北部練形意的人中領了先。

我當年初見唐師，問唐師有甚麼本事，唐師說：「沒甚麼本事，只會在彈丸之地跟人決勝負。」在彈丸之地，轉瞬之間，能找準自己身體的去向，這就是本事。薛顛的口頭禪「擱對地方」也是此意。

練武人要仗義，但更要明是非。仗義得糊塗，一是會被人利用；二是仗義了這個人，就害了那個人，往往拖累的是自己家人。我五十幾歲得重病，對哥哥李捷軒說：「死就是過過電，沒甚麼大不了。」我覺得自己這話硬氣，卻搞得他非常難過。

少年時崇尚俠義，結果為人處事的分寸感不好。我一輩子買東西沒跟人還過價，事情做了就不後悔，其實心裡也明白其中是有得失的。後輩的習武者，要吸取我的教訓。

萬言不值一杯水

萬事開頭難，練形意拳不懂起勢[1]，就生不出劈、崩、鑽、炮、橫。此番由起勢一直講到馬形。馬形易練好使，也許有助於讀者對形意拳發生興趣，這是我的考慮。

先解答近日的讀者來信：

一、《象形術》書中，薛顛講武功練到極處，身體可發電力擊人，您是否做到？

二、您說渾圓樁與校二十四法稍有區別，但「一個無為，一個有為」的說法，實在聽不懂。

三、我一練形意拳就喉嚨痛，有何對治法子？

四、您在以前的文章中說學會了劈拳，自發地就會打虎形了，這是甚麼道理？

武林裡的奇事多，我有個朋友叫金東林，是個天生的羅鍋。但幾年沒見他，偶然遇上，發現他腰桿直了。他說是個新疆老頭給他治的，我對此百思不得其解。還有奇事，

就是傳說有個絕技叫「噴口濺」。

舊時代練武人時興訪人，練成了就四處走，誰出名就找誰，上門就打架，敗了學兩招，勝了立刻走。有個壯武師，訪到一個老頭，老頭說：「我多大歲數了，比不了。」壯武師非要比，這時有個人挑了兩桶水過來，老頭說：「那就比吧，可你得容我喝口水。」攔住了挑水人，沒想到老頭一喝就喝了一桶水，壯武師看呆了，老頭猛一張口，一口水把壯武師噴倒在地。

我沒見過練形意的人練這東西，原本以為是傳說，但一次看戲，發現評劇名角高月樓在舞台上表演這個。他在台下也表演，一口水能噴出去很遠，離他一步距離，挨他一口水，等於挨一個小拳頭。

我小時候是個戲迷，現今也有三四十年沒進過戲院看戲了。發電力打人，我的程度不夠，拿我無法驗證。但練武時一定要有「電力感」，就是敏感。

尚師與程廷華做試手，起因在尚師。尚師是矮矬子、大肚子，他到程廷華家拜年，坐在八仙桌後，很隱蔽地用肚子一拱。尚師的勁道剛將桌子摧動，程廷華的手就拍上了桌子，然後兩人去院裡試上了。有人說：「程廷華通了靈。」那是讚歎程廷華的敏感。

有了敏感，才能帶出各種各樣的功夫。所以形意拳的起勢，是「起」敏感。具體動作是，兩手像托著兩碗水似的向上舉，在眉前一轉，就舉上了頭頂。假想中的水不能灑了，慎重了，也就敏感了。

舉到頭頂後，大海退潮一樣退下來，到眉前有了壓意。空氣就是大海綿，要把海綿裡的水擠出來，這樣一直壓到大腿根。此時要屈膝合胯，整個人蹲下來。蹲下的同時，兩隻手一提，縮到了腰際。

身子團緊了，手也要團緊，像擰一個東西似的，五指一個一個地攥起來。一做起勢，周身敏感。兩臂上舉，大腦就清爽，猶如野獸腦後的毛能奓起來，脖頸子會吃驚。屈腿蹲身，能生力，猶如野獸一咬東西尾巴就奓開，尾椎子會吃驚。眼睛在正面，人在眼前做事，前身人人都不遲鈍，只有後身敏感了，才能快人一籌。

形意起勢好處多，學一個起勢就可以練功夫了。起勢後面的劈、崩、鑽、炮、橫，這份敏感也得帶上。渾圓樁也要敏感，姿態是，兩臂虛搭在身前，略有抱意，左右手各對著左右胸肌。薛顛管胸肌叫「貓子」，應該是他的鄉音。渾圓樁便是「兩手照著貓子」，其他順其自然，沒有別的要求。

渾圓樁是以眼神站樁，兩眼要望上高瞟。練武先練眼，眼能生神，所以是練武先練神。人爬上山頂，累得疲憊不堪，但目光一遠眺，身上就輕鬆——渾圓樁是這個原理。

所謂「心有靈犀一點通」，眼神就是這個靈犀。久站磨煉筋骨，但只堅實了筋骨，等於沒有站樁。眼神和肉體的關係，是渾圓樁要體味的東西。有了靈犀，才能有生機，冬天過去大地回春，生機一起，土裡都是香的，抓把土，粒粒都是活的，站樁也要把自己站活了。

站渾圓樁時身子讓眼睛領走了，身子不能做作。拳學是實踐之學，對於渾圓樁，我只有這些説辭。而校二十四法，是在身上下功夫。

二十四法對人從頭到腳都有要求，任何一個拳架裡都得有它。要二十四法齊備地校，剛開始做不到，就一法一法地校出來，總之，最後要做到身上隨時都有它。

可以一次次地，每次幾秒幾分鐘地校，也可以像站渾圓樁般一直站下去，但老輩人一般是一次次的練法，李存義的功夫不是久站站出來的。

打完拳喉嚨痛，這是沒有做到二十四法中的「舌頂」，舌頭沒舔上上牙床，打拳就岔了氣，自然喉嚨痛。喉嚨痛尚是小事，尚師說：「剛學拳的小子，可得有人看著，小心練拳練成羅鍋。」

一般體育主要練胳膊腿，而武術要練脊椎，二十四法不到，打甚麼拳都是畸形的，長此以往，脊椎就彎扭了。打拳尚且是活動的，站樁固定身形，容易挫傷筋骨，要懂得用二十四法保護自己。

二十四法上身，是一種輕盈感。站樁不要較力不要找勁，站著站著，身體容易不知不覺較上力，就要懂得鬆下來。形意拳不怕鬆就怕緊，形意以敏感為先，一重拙，就不長進了。其實站得輕盈，才是真較上了勁。站空了自己，才是全身都振奮上了。

站得了二十四法，還要打得了二十四法，在運動中得它。這個由靜到動的關口很難過，所以在站著時，要學學「打一厘米」的拳。

校二十四法不是擺空架子，拳架的形標準了，還要讓形裡生東西。架子光分毫不差還不行，架子要有動勢。比如擺出虎撲的拳架，就要有撲出去的動勢，還要有躥回來的動勢。要把這個來回大動勢壓縮在一厘米間。

擺拳架看似不動，其實筋骨肌肉都牽掛著，撲這一厘米。猶如山谷有回聲，身體也有回力，撲出去一厘米，再回來一厘米，要用回力來鍛煉，如此易出剛勁。站樁之苦首先是筋骨軟弱的疲勞之苦，學會了這個方法，站二十分鐘樁，等於打二十分鐘拳，也就喜歡站樁了。

不校二十四法，練武不能入門，不學拳架，難成大器。五行拳功架是幾百年總結出來的東西，不去體驗就可惜了。知道虎撲是前撲之後有回力，腳下能向前躥還能向後躥，這是知道了虎撲的來龍去脈。

我拜師尚雲祥後，唐維祿囑咐我：「你尚師傅是精細人，他的東西是精細東西，好好學。」尚師為人的精細，是他會擺臉色，甚麼事不合心，嘴上不說，臉上一沉，別人就知道自己錯了。臉色擺得是時候、是地方，不是光嚇人。尚師是個很隨和的人，但我也常常在他面前不敢說不敢動。

尚師拳法的精細，是將功架的來龍去脈梳理得清晰，體會得深。尚師與唐師所傳的功架大體一致，小有區別。也就是在對來龍去脈上，有個別地方走得不一樣。

學了劈拳就會打虎撲，是因為虎撲等於兩隻手的劈拳。劈拳是一手前撲，一手後兜，虎撲是兩手撲，兩手兜。在學打一厘米的拳時，虎撲容易上手，劈拳稍難掌握，所以也可以是學會了虎撲，自發地就會打劈拳了。

打一厘米的拳，也是一種動腦子的方法，用這法子，要把所有功架的來龍去脈一一摸出來。

尚師贏得了身前身後名，而薛顛去世後，人們忌諱他。我沒有去過他家，隨他習武時，聽兩句好的，我就上癮了，趕緊找個沒人的地方練去了。他那時常晚上一個人住在國術館，國術館在河北公園裡，只要國術館亮著燈，公園裡的地痞流氓就不敢活動了。薛顛不是神，但也鎮住了一片地方。

武術練脊柱，在形意拳中馬形是個明顯的例子。馬形是左右側彎著上身，晃著脊椎打的拳。馬形兩手斜分上下，齊出齊轉，就像握著個方向盤。一手高一手低，就轉了向，一轉，左勢變了右勢，下手成了上手。如此連環不斷，猶如炮拳一樣，只有出手沒有收手，所以被稱為「馬形炮」。

炮拳兩手有前後，馬形是兩隻手的炮拳，兩手齊出，好像呆板，但只要轉起來，呆板的也就變化無窮了。這個左右翻身的打法，不是翻胳膊，而是要把整個身子的重量從這邊翻到那邊。所以練馬形對出整勁有好處。馬形有踐踏之意，動了手就不停，這個打法能先發制人。動手想快，光掄胳膊不行，腳下得踏上勁，手上才能快。所以馬形掄著胳膊卻練了腳。

馬形成就了，腳下有彈力，隨時可撩起傷人，衝著敵人的脛骨、腳腕，撩上就踏，腳離地的時間越少越好。馬形的腿擊法，不是明目張膽，而是在掄胳膊的時候藏著。其中的巧妙，希望初學者用「打一厘米」的方法好好揣摩，這是個容易使上的防身之技。

練武最好不動武，唐師教育我：「別人的好，一輩子不忘；別人的不是，轉頭就忘掉。這樣，你就能交到朋友了。」年輕人，心胸要大點，不要做「與惡狗爭食」的事，只要自己在理，不掄拳頭，也能找到公道。

練武人不信仙不信佛，就信一個善有善報、惡有惡報。尊重師長，可以學到好東西，幫助別人，可以增長豪情，氣概不凡，心智就提高了——這都是善報。

在寧河老家，流傳著我二姥爺王照②善有善報的故事。王家世代武官，王照年輕時也是剽悍的人，給鄉團訓練兵勇，冬天操練只穿小褂。一年春節，他在街上見到個賣紙筆的小販在風裡凍著，就請他喝酒，知道是個落魄的讀書人，就給了一筆錢要那人考功名。

清朝二品以上的官是慈禧管著，光緒要留著王照做實事，對他說：「委屈您做三品。」百日維新失敗，慈禧要殺王照，他得到消息，沒回家就逃了，所以身上沒錢，逃到浙江某縣發現縣太爺就是當年的紙筆販子，便去相認，那人給了王照四百兩銀子，王照就用這四百兩逃到了日本——這是民間的說法。

清朝滅亡後，段祺瑞看上了王照的聲望，聘他做顧問，月薪八百大洋③，王照白拿錢不做事，他有點錢都用在他的發明——官話合音字母上了，印成小冊子大批奉送，官話合音字母就這樣推廣起來了。

我的父親李遜之不是王照的學生，但倆人師生相稱。唐詩宋詞清對聯，李遜之作對聯很機敏，常出風頭。王照很欣賞他，當時他死了妻子，我母親王若蘭其時已經和山西杭家定了親，而王照做主，退掉這門親，將我母親許配給我父親。王家的大小姐給人做續弦，王家很多人不同意，而王照說李遜之前途遠大，堅持下來。

後來我父親酗酒早逝，王家姐妹還常給我母親送錢，覺得三姐受了委屈，埋怨王照辦錯了事。王琦是我的老姨，比我母親小十幾歲，她出生的時候正是王家躲避仇殺時，因為總哭，一度打算把她在半路上扔掉。她後來嫁給了南開大學陳雲谷教授。

丁志濤一個人制止了兩村人的武鬥，這麼危險的事做下來，因而成名。我呢，沒做甚麼事情也成名了，這多少沾了王照的光。當時王照滿國皆知，越是練武的就越尊重文化人，一聽說王照是我的長輩，便很注意我，傳得多了，我這小伙子就成了「二先生」。

年輕時，我離家出走後，大事小事都聽唐師的安排，但一次唐師要給我說親，讓我娶一個武林前輩的女兒為妻，我猶豫了。這位前輩沒有兒子，娶了他女兒，就得把他的名聲也承擔下來，我只是在這件事上沒聽唐師的。我怕唐師跟我說之前，也跟這位前輩家打了招呼，所以這位前輩去世後，為避免尷尬，我就沒再和他的家人交往。

我年輕的時候，是浪得虛名，老了寫文章，又是浪得虛名。我在七十四歲出意外，床上癱了近兩個月，手腳不能動，神志不清。有人說我是煤氣中毒，有人說我是在八大處出了車禍，我自己對此沒有記憶。病歷寫的是小腦萎縮、腰部外傷。以我這半殘之身來現世，等於獻醜。

我沒有奇技絕招，只懂得些形意拳基本的東西，能有人願意聽，就說得多了點。

註釋

① 起勢九歌：

身：前俯後仰，其式無勁。左側右斜，皆身之病，正而似斜，斜而似正。

肩：頭宜上頂，肩順下垂，垂左肩成拗，右肩自隨，身力到手，肩之所為。

肱：左肱前伸，右肱在肋，似曲不曲，似直不直，曲則不遠，直則力少。

手：右手在肋，左手齊胸。後者微拓，前者力伸，兩手皆覆，用力宜勻。

指：五指微分，其形似鈎，虎口圓滿，似剛似柔，力須到手，不可強求。

股：左股在前，右股在後，似直不直，似弓不弓，雖有直曲，每見雞形。

足：左足直前，斜則皆病，右足勢斜，前踵後脛，二尺距離，足趾扣定。

舌：舌為肉梢，捲則氣降，目張髮聳，丹田氣壯，肌肉如鐵，力堅腹臟。

臀：提領臀部，氣貫四梢，兩腿相隨，臀部內收，低則勢散，故宜稍高。

② 王照（一八五九—一九三三），字黎青，號小航，又號水東，天津蘆台鎮人，清咸豐九年五月初八（一八五九年六月八日）生人。曾祖王錫鵬做過安徽壽春鎮總兵，父親王楫為太學生，襲騎都尉兼雲騎尉職。王照幼年喪父，由叔父收養。從小喜歡觀察星象，尤其愛讀天文、地理、兵法書籍。十歲後從塾師學詩文，一八七七年入書院，一八九一年中舉，一八九四年取進士，點翰林院庶吉士。維新運動期間，他因參與變法而遭到頑固派的緝拿，逃亡日本。後致力於漢語注音研究，並出版《官話合聲字母》一書，著有《水東集》《小航文存》。一九一三年，北洋政府教育部召開讀音統一會，王照被選為副會長。一九三三年六月一日在北京病逝，享年七十四歲。

③ 段祺瑞為讓王照拿錢，給他安排了兩三份工作，約至八百，而王照覺得自己白拿錢還要佔兩三個職位，對他人不公平，後只保留一個職務，每月三百大洋左右。王照次子王守謙留學法國，曾在北京大學學習、教授法語，北大校長胡適每年都來給王照拜年。胡適走時，王照相送，腳不出門檻。

仰天大笑聽穢語　我輩豈是草木人

薛顛傳我的雞形主要是雞翹腳、雞啄米兩式，但這兩式的功用可以發揮到一切拳架中。在十二形中，燕形是個匪夷所思的打法，雞形旁通著燕形，也就一併講了。

近日的讀者來信提問為：一、練形意拳時如何控制呼吸，是否要逆呼吸；二、形意拳的練法與打法各是甚麼路數；三、我對您多次提到的「轉七星」很感興趣，能否說得更詳細些。

練拳時不要刻意呼吸，不要大呼大吸，開始練拳要像夜行賊、捕食貓一樣屏住呼吸，能如此小心，心也就靜下來了。然後隨著打拳打開了，要在拳裡找呼吸，找著的呼吸是很靈活的，比逆呼吸要精細，身體更能受用。比武的時候，一切對應著對方來，不能自行其是地硬來，有敵招才有我招，無敵便無我；練拳的時候，一切要應著拳來，甚麼都在拳裡找，不能把靜坐時的呼吸法硬加到拳裡。練拳就是練拳，練拳得有自己一套。

練法的大綱是「二十四法」，打法的大綱是「八打」①，師傅們講拳都是結合著個人體驗，在這兩首歌訣上發揮。「頭打落意隨足走，起而未起佔中央」——雞形是頭打，雞啄米就是擒住敵人兩手時，用頭下「啄」鼻軟骨，上頂下巴，「啄」鼻軟骨能讓敵人血流滿面，而頂下巴，能一下把敵人頂暈過去。

頭與腳是槓桿的兩頭，頭一前傾，腳上大拇指就吃力，腳上大拇指一蹬，頭就頂上了勁。所以雞形既是頭打，必然連帶出腳打。雞翹腳是雞啄米的必然變化。

雞單足立地時是抓著爪子縮腿，所以要含著抓意提膝，有了抓意，膝蓋下就能生出一踹，此踹很低，腳背外斜著翹起，所以名為雞翹腳。雞形的腿擊是從膝蓋生出來，不是直接使腳，所以能夠「有機會就甩一腳，沒機會就藏著」。

五行拳中的「十字拐」就是雞翹腳，由此可見十二形是五行拳的發揮，五行拳是十二形的提煉。

以上是雞形的打法，而雞形的練法是成就功夫的關鍵。雞形頭打就要練頭，頭為一身之樞紐，頭部僵硬，腳下再能變步數，轉換身形時也仍然快不了。雞總是一探頭一探頭地走，以頭領身，雞形就是用這個方法練身子。

轉七星要用五行連環拳②來轉，五行連環拳並不只是拳譜上那一套，那是範例，拿來研究，要揣摩出「拳生拳」的道理，否則就辜負了老輩人留下這個拳套子的苦心。

在任何方向都能生出劈、崩、鑽、炮、橫，隨動隨有，不是那個套子，也是五行連環拳。只有轉而沒有生發，那是傻轉，五行拳有生克關係，所以是很靈活的東西，學拳不開竅時，就要用轉七星的方法把自己弄活了。唐、尚二師對五行連環拳沒有死規定，轉七星本是個玩法。

當年尚師跟程廷華相互繞著試手，身法中含著五行連環拳，並沒有被程廷華繞到。可見五行連環拳與轉七星是一體的，老輩人的形意拳注重偏門攻防上的閃展騰挪。我們劉奇蘭—李存義派系形意拳在打功架時特別注重轉身動作，這個偏門要點在基本功架裡就訓練上了。

至於雞形「以頭領身」的具體練法，考慮到一般讀者沒見過轉七星，就以八卦掌來舉例，點出八卦掌裡的雞形。但我只有些來自老輩人的聽聞，沒有實際練過八卦掌，如有不妥，還望指謬。

走八卦單換掌可用劈拳的架子，一手前撲，一手後兜，將這個架子維持住，兩手不要再動。在圈子上的內腳直走，外腳內拐，這樣就走成了圓圈。劈拳一手前撲，一手後兜時，隱含著向左右的撐起之力，既然走了圈，就要將這隱含的勁撐圓了。

走八卦練的是渾身的完整，手勢不動，要以身動手。內腳直走，身子前進，架子就有了向前撲的勁，外腳內拐，身子側轉，手臂就有了向外擼的勁。

一撲一擼地走圈，勁力就鼓蕩上了。練單換掌看似兩手不動，其實勁力在不斷地翻騰，一比武就有了招。走圈，就是蹬身子，雞翹腳般隨時能獨立，但不能露了形，要看似腳不離地地走。

但有人練八卦轉一會兒，就頭暈目眩，這是光蹬身子了。八卦圈不是腳脖子轉出來的，而是頭領出來的。頭首先要虛頂，只有虛頂了才能轉動靈活，頭微一側轉，整個身子就得調過來。這個圈子是一側一側走出來的，所以偏門攻防的意識就養成了。

學會了調身子，重量就跟上了。這麼走走，就是「全身重量上拳頭」的好法子。而且劈拳兩臂發揮向左右之力，架子就抱圓了，所謂「兩肱圓則氣到丹田」，可以養生出內勁，有身輕力厚之妙。

肱，是兩臂內側的肌肉，兩臂通著呼吸，兩肱伸展，胸就含住了，氣息就能向下深入。

用手、腳打人，也有雞形在。腦門有頂意，拳頭的分量就加大，後腦有仰意，撤身就快。可見單換掌「以頭領身」的訓練多麼巧妙，脖頸僵硬地走八卦，就走不著東西了，單換掌是先有頭功再有腿功，所以也可以是「頭打落意催足走」。

「頭打落意隨足走」，是個槓桿力，腳下找著定位，頭上就找著了落點，槓桿一翹就打了人。頭得和步子配合方能練出來，打時也是兩者配合著方能成事，隨時可以雞啄米一落定勝負，頭有落意，勁落在手上，也是雞啄米。恣，放肆、隨便的意思，頭活了，身法就活了，打法也就活了。

「起而未起佔中央」，頭打是難得用上的一招，敵人難給這機會，所以一般頭打是含蓄著，起發動作用，發動手腳就勢贏人。所以頭的打意是起而未起的狀態，居中不露形的。

燕形是足打，足與頭密切相關，雞形不成就，也沒有燕形。燕形名「燕子三抄水」，三抄其實是兩腳。五行拳中的「二起腳」就是燕形的基本形，二起腳是崩拳轉身動作的變招——反手刺喉之後，將兩隻胳膊前後伸展開，內側向上，然後兩臂翻轉，向下有了壓意，腳上就頂上了勁，就著這股頂勁，後腳越過前腳，向敵人脛骨撩去，就像鞭炮二踢腳兩響是一響接一響，後腳一撩，前腳就飛起，橫踹敵人肋骨。

後腳一撩，敵人必後撤，前腳就有了踹肋骨的空間。這是人的必然反應，走在敵

頭打

人前頭，也就正好打上了。這是打法的算計。

注意，光有腳頂，飛身子仍不利索，只有頭虛頂了，才能有足打的巧妙。二十四法中的三頂、三提等這些一般人容易忽略的東西，都是比武的寶貝。所以唐、尚二師講，練拳要找來龍去脈，要練精細拳。

說燕形匪夷所思，因為形意拳是盡量不起腳，足打與頭打一樣，是含著的，腳上有足打之意，轉在拳頭上打出來，也是一樣的。所謂「去意好似捲地風」③，捲地風是吸著地轉，形意拳腳下要有吸力，一出就踩，吸著地動腳。

而燕形是兩腳都騰空，所以別人就說：「哎呀，你們形意拳還有這東西！」燕形與十字拐略有不同，就是把十字拐翻胳膊生壓意的動作給發揮了，兩臂一翻，就擼住了敵人的胳膊，壓意一發揮，藉著敵臂的反彈力，一下就上了敵身，騰空的一剎那，就給了敵人兩腳。第一腳可以不實際踢上，起到給第二腳一個助力的作用也行，擼住敵臂，上了敵身，那就還有第三腳。

不擼住敵臂也行，像象形術搖法一般，一挨就黏，一黏就擒住敵勁去搖，碰上哪兒都能借上力騰空。不過形意拳對腳離地非常慎重，一旦使上了燕形，就得取了人性命，所以此法要慎用。

我是個自己把自己開除出武術界的人，身處事外，對有的事聽一聽就行了，對有的事聽了得説話。尚師是有涵養的人，待人隨和又很穩重，他和唐師在一起都很少説閒話，不會和別人「嬉戲如兄弟」④。有一位郭雲深後系的拳家創了新拳，對此形意門沒有故意為難的情況發生，我們承認他的水平。

老輩人經驗深，看看神色，看看行動，就能衡量出一個人的武功處於何等層次，不必比武⑤。尚師不和別人一塊兒練功夫，自己成就自己，我沒見過他推手。比武是很慎重的事，連人都沒看仔細，就伸手讓人搭，薛顛就不是這樣的潦草人。

這位拳家和尚師、薛顛沒有比過武，我身在尚、薛二師門中，當年的交遊也廣，在北京、天津都長住，六十多年來從未聽説有此事。況且那些文字説是在尚師家、國術館這兩個群雜環境中比的武，武行中的閒話走得快，如真有此事，我總會聽到。

他們三人也沒論過輩分，形意門規矩大，民國社會上廢除跪拜禮，但形意門一直是見了長輩要磕頭，説話要帶稱呼，如果真論了輩分，以尚、薛二師的為人，平時説話會帶上，也一定會對我有要求。而尚、薛二師提到這拳家時，是稱呼其本名。

尚師一生不富裕，但他是形意門的成就者，年齡又居長，所以後起之秀見了他都要喊聲「老爺子」。薛顛鄉音重略顯土氣，一接觸覺得像個教書先生，又很文氣，但在武學上他有自信，別人很難得到他的認可。據我了解，他沒搞過迷信活動，當年天津的形意門覺得他是個可以和尚師爭勝負的人。

我們李存義派系的形意拳不太注重拜岳飛，只在拜師時拜達摩，算是有了祖師，平時也不拜。形意門收徒的大規矩是：

一、如果做了官，就不能在武林中活動了，以免有仗勢欺人之嫌；

二、不能搞迷信，因為我們有祖師。練形意的人不迷信。

雖然薛顛死後背負著「拳霸」的惡譽，但活著時，一直享有盛名，如果有敗績發生，定會轟動全國。別人可以在天津發展，是薛顛能容人，不可將此視為擊敗薛顛的證據。在天津的武術家多了，難道他們全都打敗了薛顛，才能待在天津？這是不了解老輩人的人品。那些文字貶損了尚、薛二師。

我講的都是當年的武林規矩、常識，我是個不成器的弟子，沒能成就，但做徒弟的，起碼知道師傅的程度，內行人也自有看法。

我年輕時在天津，對於這位拳家的弟子沒有接觸，但多少知道他們的一些言辭，他們當年也沒這個說法。我那時叫李軏（yuè），仲軒是我的字，建國後登記的戶口，再後來的身份證，都用的是李仲軒，怕本名較偏，別人不好念，也免去了年輕時習武的經歷。李軛——天津武術界的老人總會有幾個知道這名字，所以我也倚老賣老一下，為我的師傅們做個見證。

註釋

① 李老二〇〇四年三月四日背誦八打歌訣，如下：

形意有三挺，挺腰、挺脛、挺氣（膝），有坐腰沒塌腰。

頭打落意隨足走，起而未起佔中央，腳搶中門佔正位，就是神仙也難防；

肩打一陰返一陽，後手只在胯下藏，合身輾轉不停勢，舒展之下敵命亡；

肘打去意上胸膛，起手好似虎撲羊，進退必須查敵色，自然之下敵命亡；

拳打三解不現形，現形不為能（三節有結有解，所以三節又稱三解），寧在一思先，不在一思後，寧在一思進，不在一思停（思，腦子一閃念。比武是念動身動）；

氣（膝）打落意不落空，分分秒秒必須爭，與人較勇需穩重，兩手分敵定太平（分，把敵人的整勁打散了。氣，即勁。也是膝打，兩手支開敵人兩手，膝蓋撞擊敵人胸口膻中穴）；

腳打踩意不落空，消息全憑後腳蹬，與人較勇無別備，進退好似捲地風；

臀打中解緊相連，精查敵意莫輕還，臀尾全憑精靈氣，取勝速轉莫遲延；

胯打中解緊相連，陰陽相合胯為先，裡胯好似魚打挺，外胯藏式變勢難。（肚皮與臀胯緊相連，胯打臀打都是肚皮功夫。用外胯破綻大，難以打人。移形換影，將外胯換成裡胯再用。魚打挺是挑勁，胯上掄了大槍。）

②

五行連環拳法：

混合五行拳法，聯絡成組，能進能退，式皆循環，光怪陸離，式皆連實，其進退也無定，故名曰進退連環拳式，今多簡稱謂之連環拳式。

連環拳法，以五行拳法為母，故五行拳法，其初步也，連環拳法其進退也，此法共為十式，進退各半，因其範圍稍小，是以有引長之法，實非小也，其引長法即前節不轉身，至崩拳式仍接二式，則往返至四十式之數。

拳法以應用為主旨，連環拳可以連實，五行拳應時措用，握之為拳，伸之為掌，故又可變為連環掌，此乃徒手之應用也。無論刀槍劍棍，皆能刺、劈、砍、打，以應用，此乃手勢之變化也，故各種器械，均可包括無遺，則變化之技擊，豈清淺鮮哉。

③

形意拳六字訣：

採：鷹捉也；

撲：虎撲也；

裹：肘打也；

絕：颩地風也；

束：起也；

藏：落也（藏身而落）。

④

這位拳家的傳記中，稱尚雲祥年長輩分低，兩人平時「嬉戲如兄弟」。

⑤

李存義論觀人法：

虛實巧拙者，是彼此兩人一觀面，敵方就要相較，察彼之身形高矮，動作靈活不靈活，又看彼之神氣厚薄，一動一靜言談之中是內家是外家，先不可驟然取勝於人，先用虛手操試之，等彼動作或虛或實，或巧或拙，一露形跡勝敗可以知其大概也。

君不見清風朗月不用一錢買

形意拳還有秘訣，叫「肩在手前，手在腦後」，不好懂。

先講個好懂的「手」，我年輕時有外號叫「窮大手」，說我沒錢也爭大，花錢不計後果。練武的人特別容易這樣，因為交朋友時好面子，這是玩笑話。自修象形術，要懂得兩個詞，一個是「不著相」，一個是「入了象」。

不著相，無蹤無影的才能打著人，顯架子、顯功夫，就被人打了。「移形換影」不單是比武時的身法變化，還可以引申到練法裡來。從練武的時候就不能著相，給個龍形，這是基本。練武打這個形，要打得它生出變化來，打得神龍見首不見尾。多練，不是簡單重複，不是次數多，而是內容多。要把形打花了，打散了。一個形裡生出許多東西來，這才叫多練。

能多練自然有趣味，苦練不對，抽鴉片最苦，但抽時最上癮，練拳覺得苦，便是

入了歧途。沒有興趣不上功，身子催著你練，身子不動腦子還動著——這是形意的練法。比武靠即興發揮，練武也要即興發揮。

男人天生好名利美色，說男人最高興的時候是「洞房花燭夜，金榜題名時」，但練拳也能練得人最高興。因為有個不一般的高興，能看淡那些常人高興的東西，所以旁人說：「你們練形意的有歪理。」

形意比武發力時，只在碰到對手身上的瞬間，手才握緊。同樣的道理，只在打倒敵人的一瞬間，才露真形——這是五行拳的用法，只用一點，一點即可。大部分時間是存而不用，神經上有儲備就行了。《西遊記》裡的妖精，關鍵時候才顯原形，「真身只在剎那」。

練了拳，一天到晚身上顯著架子，這是妖氣十足。唐維祿怎麼瞅怎麼是個老農民，只在與人交手時兩眼才來光，見著了唐師的神采，也就被他打倒了。在如何顯真形這一點上，人和人就分出了巧拙。

剎那顯真身，是形意拳的大巧，古拳譜云：「拳打三節不現形，現形不為能。」——不恰當地現了形，是大外行。

指望擺出劈、崩、鑽、炮、橫的架子贏人，是指望不上的。不能蠻幹，否則一下就被人借了勁。為人處事也要這樣，練了武就藏著，藏不住就會得罪人，一得罪就一大片，藏還得深藏，關鍵時候露一手就行了。形意拳是留給篤實用功、心地純正的君子的。

比武的關鍵，就是看對手給甚麼好處。人家送來的，不是自己預想的，就亂了，這是功夫未到。功夫好的人，打人跟預定的似的。

定法不是法，要見招使招、見勢打勢，但只會拆對方的招，還不行，要拆了對方的神。先要相人，將來把腦子「化」了，對方一動你就知道，這叫「入了象」。

河北有個廟州，在有一年的四月十五日，尚師在那裡顯了神奇。他平時就是心裡總迷著拳，他一閃念，催起了身子，一下躥出去一丈多遠，老輩人評說：「尚雲祥入了象，腦子化了。」

兩強相遇勇者勝，兩勇相遇智者勝，鬥拳就是鬥腦子。薛顛說：「形意，以意打人為妙。」化腦子——這是形意的歪理。比武不能硬挺，要借上人家的招使上人家的力，「支使」二字是要訣。

練拳練到一定時候，就想練了，不練身上起急。練著練著，很舒服地痛了，說明長勁了，筋骨起了變化。再往後，得病一場，身體很健康，但就是覺得病了，哪兒哪兒都不對勁。

得適應一陣子，能自己把自己調理過來，就走上了康莊大道。如此循環往復，適應一次就長一次功夫，長了就管用，與人交手，鬼催著似的就把人打了。打人跟鬧鬼一樣，你說形意有沒有歪理？

練拳不能太用勁，要用腦子調。太緊了人受不了，你以為下了功，只要練就肯定好，不一定，練反了就糟了。形意拳哪一拳都健身，反過來哪一拳都傷身，越練越鬆快，就對了，練著乏味痛苦，就要趕快變招。否則勁太緊了，能把人練傻了，這是真事，不是比喻。練拳就是練腦子，師傅留一手，徒弟們就成傻瓜了。

尚師對徒弟好，唐師說：「尚雲祥無偏向，會多少，教多少，不留後手。」張鴻慶名聲不大，人也不起眼，但功夫硬，隨他習武時，因為沒有拜師，所以他總說：「我這是給唐師傅捧捧場。」教我時沒假話，可惜不深講。

沒立下師徒名分，應酬話就多。所以學形意一定得先拜師，老輩人很愛惜自己的名譽，是我的徒弟，得能代表我才行。秦瓊和羅成相互教，最後秦瓊留了個撒手鐧，羅成留了個回馬槍。而師父教徒弟，留不住東西，也不敢留，因為練武差一點就有毛病。徒弟不如師傅，不是師傅不教，只是徒弟沒練到。

薛顛教我的牛象和書上畫的差別太大了，是完全不同的兩碼事，我也不知道是何緣故，披露出來，給讀者作個參考。手指翻挺，這個小動作就是牛象。指頭上要有牛勁，五百多斤的牛能把全身重量頂在犄角上。用法是，貼身戰時扎敵臉，是被人擒拿住肩膀時的脫身動作，或敵人攻擊頭部時的反擊動作。

頭部下低，也要向前頂一下，給扎出去的指頭一份助力。因為頭低下了，眼睛看不到手，手指憑個大感覺盲目地扎過去，有點像小孩打架，是撒潑打諢的無賴動作。薛顛的修為能點穴，所以在短兵相接時，捏、拿、點這三樣別人不好使的東西，是他的拿手好戲。

練了牛象，指頭上出了功夫，就可以進入猿象①。所謂「入了猿象，滿臉花」，和牛象一樣，猿象也是扎人臉，只不過牛象是被動反擊的險招，猿象是主動地戲耍別人，用的是「肩在手前，手在腦後」的身法秘訣。

說是秘訣，字面上也不玄虛，說的是反身打法，「肩在手前，手在腦後」的隱喻是重點的重點，沒師傅的人不知道練這個。戰鬥一起，會有意外妙用，是形意的精華。

形意拳中的偏門攻防、反身打法是李存義發揚的，從李存義開始，形意的鑽拳中就融入了八卦的東西，藉著八卦的動作往身側點——唐師、尚師傳我的都是這個功架。

我得的鑽拳的基本形不是從下往上鑽，而是從中往側點。那個借來的八卦動作，借了就不還了，融在鑽拳裡起了變化，還有八卦「回身掌」的形態，向體側一滑步，前手向外擼去，還有塌勁。胳膊撐起來，手掌是橫的。

然後，後手隨著點過去，手雖有前後，但兩臂要有合力。猶如弓弩，兩頭綳上勁，才能射出東西，鬆了哪頭都不靈。鑽拳猶如螃蟹，是橫著走的，左向一掌跟一拳、右向一掌跟一拳，就練上了反身。

猿象的反身動作比鑽拳大，因為鑽拳把由下往上的鑽勢壓縮到一根直綫裡了，而猿象把這個上下鑽勢張揚了，蹲身時一回頭就轉了向，這一轉比鑽拳帶的動靜大。轉了向就鑽，猶如猴子一下躥上樹，人雖然沒跳起來，勁要躥起來。

象形術猿象的指頭奔著人臉，形意拳猴形的猴掛印也要預備著——這個比武要點，我看書上提了一句，在此特別強調，這兩招是一個招，少了誰都有危險，猴掛印，膝蓋是一大塊骨頭，等於一方大印，要把這大印的分量掛到敵人胸膛裡去，最佳的落點是兩胸間的膻中穴。

這是個狠招，但不會反身換身影，一抬膝蓋便會捱打。

練武枯燥乏味時，要往骨頭裡邊練，不要管甚麼「中節隨、根節追」了，活動著

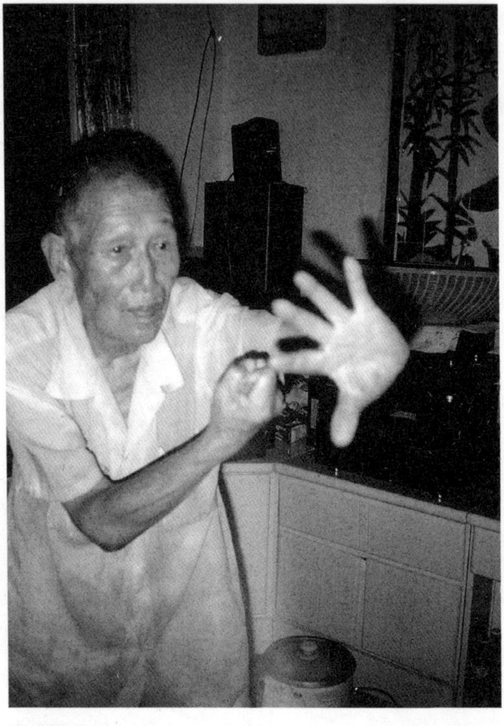

鑽拳變勢

就行了，全身一塊兒往骨頭裡走，這是猿象的輕身法。只能意會，無法言說。

形意拳、象形術、八卦掌都是一碼事，最要緊是鄭重其事，練一點都不能含糊。我年輕時練拳起五更睡半夜，喜歡夜深人靜、無人干擾的光景，一個人只有練拳的心思，就能得著越來越多的東西。

註釋

① 象形術有五法八象，八象為龍、虎、馬、牛、象、獅、熊、猿。李老五法講完後開講八象，但初講到牛、猿二象，便辭世。可惜八象未完，象形術的口傳就此殘缺。

附錄一

岳武穆九要

姬際可撿到的半冊殘書，被命名為《岳武穆九要》，以下為該書正文。僅供參考。

總論

器，上而通乎道；技，精而入乎神。惟得天下之至正，秉天下之真精者，乃能窮神而入妙，察微而闡幽。形意之用，器也、技也；形意之體，道也、神也。器、技，常人可習而至；道、神，大聖獨得而明。

岳武穆精忠報國，至正至剛，其浩然之氣，誠霈然充塞於天地之間，故形意之精，非武穆不能道其詳，然全譜散佚，不可得而見，而毫芒流落，只此九要論而已。

吾儕服膺形意，得以稍藩圉，獨賴此耳。此論者九篇，理要而意精，詞詳而論辨，學者有志，朝夕漸摹，而一芥之細，可以參天，濫觴之流，泛為江海，九論雖約，未始不可通微，何莫造室升堂也？

一要論

從來散之必有其統也，分之必有其合也，以故天壤間，萬類眾儔紛紛者，各有所屬；千匯萬品攘攘者，自有其源。蓋一本可散為萬殊，而萬殊咸歸一本，乃事有必然者。

且武事之論，亦甚繁矣，要之，詭變奇化，無往非勢，即無往非氣，勢雖不類，而氣歸於一。夫所謂一者，從首至足，內之有臟腑筋骨，外之有肌肉、皮膚，五官百骸連屬膠聚，而一貫者也。擊之不離，牽之不散，上思動而下為隨，下思動而上為領，上下動而中節攻，中節動而上下和，內外相連，前後相需，所謂一貫，乃斯之謂，而要非強致襲為也。

適時為靜，寂然湛然，居其所向，穩如山嶽；值時而動，如雷霆崩出也，忽而疾如閃電。且宜無不靜，表裡上下，全無參差牽掛之累；宜無不動，左右前後，概無循倍猶豫之部。洵若水之就下，沛然莫禦，炮之內發，疾不掩耳。無勞審度，無煩酌辨，不期然而然，莫之致而致，是豈無故而云然？乃氣以日積而見益，功以久練而方成。摻聖門一貫之傳，必俟多聞強識之後，豁然之境，不廢鑽仰前後之功。

故事無難易，功惟自盡，不可等躐，不可急遽，歷階以升，循序而進，而後官骸肢節自能貫通，上下表裡不難聯結。庶乎散者統之，分者合之，四體百骸，終歸一氣而已。

二要論

論捶，而必兼論氣。夫氣主於一，實分為二。所謂二者，即呼吸也，呼吸即陰陽也，陰陽即清濁也。捶不能無動靜；氣不能無呼吸。吸則為陰，呼則為陽；主乎靜者為陰，主乎動者為陽；上升為陽，下降為陰。蓋陽氣上升而為陽，陽氣下降而為陰；陰氣上行而為陽，陰氣下行而為陰，此陰陽之分也。

何謂清濁？升而上者為清，降而下者為濁。清氣上升，濁氣下降。清者為陽，濁者為陰。要之，陽以滋陰，陰以滋陽，統言為氣，分言為陰陽。氣不能無陰陽，即人不能無動靜，鼻不能無呼吸，口不能無出入，乃對待循環不易之理也。然則氣分為二，實主於一，有志斯途者，慎勿以是為拘拘焉，學貴神通，慎勿膠執。

三要論

夫氣本諸身，而身之節無定處。三節者，上中下也。身則頭為上節，身為中節，腿為下節；頭則天庭為上節，鼻為中節，海底為下節；中節則胸為上節，腹為中節，丹田為下節；下節則足為梢節，膝為中節，胯為根節；臂則手為梢節，肘為中節，肩為根節；手則指為梢節，掌為中節，掌根為根節；觀於是，而足不必論矣。故自頂至足，莫不各有三節也。

要之，若無三節之所，即無著意之處。蓋上節不明，無依無宗；中節不明，渾身是空；下節不明，動輒跌傾。顧可忽乎哉。故氣有所發，則梢節動，中節隨，根節催。然此乃按節分言者，若合而言之，則上至頭頂，下至足底，四體百骸，總為一節，夫何三節之有，又何各有三節云乎哉？

四要論

氣之外，進而論夫梢者焉。夫梢者，身之餘緒也。言身者初不及此，言氣者亦屬罕論。捶以內而外發，氣由身而達梢，故氣之用，不本諸身，則虛而不實，不形諸梢，則實而仍虛。梢亦烏可不講，然此特身之梢耳，而猶未及乎氣之梢也。

四梢為何？髮其一也。夫髮之所繫，不列於五行，無關乎四體，似不足以立論，然髮為血之梢，血為氣之海，縱不必本諸髮以論氣，要不能離乎血而生，氣不離乎血，即不得不兼及乎髮。髮欲衝冠，血梢定矣。舌為肉梢，而肉為氣之囊，氣不能形諸肉之梢，即無以充其氣之量，故必舌欲催齒，而後肉梢足矣。至於骨梢者，齒也。筋梢者，指甲也。氣生於骨，而聯於筋，不及乎齒即未及乎筋之梢，而欲足乎爾者，要非齒欲斷筋，甲欲透骨不能也。果能如此，則四梢足矣。四梢足，而氣自足矣。豈復有虛而不實，實而仍虛者乎。

五要論

拳者，即捶以言勢，即勢以言氣。人得五臟以成形，即由五臟而生氣。五臟者，心、肝、脾、肺、腎也，乃性之源、氣之本也。心為火而性炎上；肝為木而形曲直；脾為土而勢乃敦厚；肺為金而有從革之能；腎為水而有潤下之功，此乃五臟之義。而有準之於氣者，皆各有所配合焉，乃論武事所不可離者。

其在內也，胸膈為肺經之位，而為諸臟之華蓋，故肺動而諸臟不能靜；兩乳之中位心，而護以肺，蓋心居肺之下、胃之上，心為君火，心動而相火無不奉合焉；兩肋之間右為肝，左為脾；背脊骨十四節，皆為腎位，分五臟而總繫於脊，脊通一身骨髓，而腰為兩腎之本位，故腎為先天第一，尤為諸臟之源，故腎水足而金、木、水、火、土咸有生機。然五臟之存於內者，雖各有定位，而機能又各具於周身，頷、頂、腦、骨、背皆腎也，兩耳也為腎；兩唇兩腮皆脾也；而髮則為肺；天庭為六陽之首，而萃五臟之精華，實頭面之主腦，不啻為一身之座督矣；印堂者陽明胃氣之衝，天庭性起，機由此達，生發之氣，由腎而達於六陽，實為天庭之樞機也；兩目皆為肝，細繹之上包為脾，下包為胃，大角為心經，小角為小腸，白則為肺，黑則為肝，瞳則為腎，實為五臟精華之所聚，而不得專謂之肝也；鼻孔為肺；兩頤為腎；耳門之前為膽經，耳後之高骨亦腎也；鼻為中央之土，萬物資生之源，實為中氣之主也；人中乃氣血之會，上衝印堂達於天庭，而為至要之所，兩唇之下為承漿，承漿之下為地閣，上與天庭相應，亦腎位也。頷頂、頸項者，五臟之導途，氣血之總會，前為食氣出入之道，後為腎氣升降之途，肝氣由之而左旋，脾氣由之而右旋，其係更重，而為周身之要領。兩乳為肝，肩窩為肺，兩肘為腎，四肢為脾，兩肩膊皆為脾，而十指則心肝脾肺腎，膝與脛皆腎也，兩足跟為腎之要，湧泉為腎穴。大約身之各部，突者為心，陷者為肺，骨之露處皆為腎，筋之連處皆為肝，肉之厚處皆為脾。象其意則心如猛虎，肝為箭，脾氣暴發似雷電，肺經翕張性空靈，腎其伸縮動如風。

其用為經，制經為意，臨敵應變，不識不知，手足所至，若有神會，洵非筆墨所能預述者也。至於生克治化，雖有他編，而究其要領，自有統會，五行百體，總為一元，四體三心，合為一氣，奚必斷斷於一經一絡，節節而為之哉。

六要論

心與意合，意與氣合，氣與力合，內三合也；手與足合，肘與膝合，肩與胯合，外三合也，此為六合。左手與右足相合，左肘與右膝相合，左肩與右胯相合，右之與左亦然。以及頭與手合，手與身合，身與步合，孰非外合？心與眼合，肝與筋合，脾與肉合，肺與身合，腎與骨合，孰非內合？豈但六合而已耶？然此特分而言之也，總之一動而無不動，一合而無不合，五行百骸悉在其中矣。

七要論

頭為六陽之首，而為周身之主，五官百骸，莫不惟首是瞻，故身動頭不可不進也；手為先行，根基在膊，膊不進則手卻而不前也，故膊貴於進也；氣聚中脘，機關在腰，腰不進則氣餒而不實矣，故腰亦貴於進也；意貫周身，運動在步，步不進意則瞠然無能為矣，故步尤貴於進也；以及上左必須進右，上右必須進左，其為七進，孰非為易於著力者哉。要之，未及其進，合周身而毫無關動之意，一言其進，統全體而俱無抽扯游移之形。

八要論

身法為何？縱橫、高低、進退、反側而已。縱則放其勢，一往而不返；橫則裹其力，開括而莫阻；高則揚其身，而有增長之意；低則抑其身，而有撲捉之形；當進則進，彈其身而勇往直衝；當退則退，領其氣而回轉伏斂；至於反身顧後，後即前也，側顧左右，左右豈敢當哉。而要非拘拘焉為之也。必先察敵之強弱，運吾之機關，有忽縱而忽橫，縱橫因勢而變遷，不可一概而推；有忽高而忽低，高低隨時以轉移，不可執格而論。時而宜進，故不可退而餒其氣；時而宜退，即當以退而鼓其進，是進固進也，即退亦實以賴其進。若反身顧後，而後亦不覺其為後；側顧左右，而左右也不覺其為左右矣。

總之，機關在眼，變通在心，而握其要者則本諸身，身而進，則四體不令而行矣；身而卻，則百骸莫不冥然而退矣。身法顧可置而不論哉。

九要論

今夫五官百骸主於動，而實運以步。步乃一身之根基，運動之樞紐也。以故應戰對敵，皆本諸身，而所以為身之砥柱者，莫非步；隨機應變在於手，而所以為手之轉移者，亦在步；進退反側，非步何以作鼓蕩之機；抑揚伸縮，非步無以操變化之妙。所謂機關者在眼，變化者在心，而所以轉彎抹角、千變萬化，而不至於窘迫者何？莫非步為之司令耶。而要非勉強以致之也。動作出於無心，鼓舞出於不覺，身欲動而步為之周旋，手將動而步亦為之催逼，不期然而然，莫之驅而驅，所謂上欲動而下自隨也。且步分前後，有定位者步也，然而無定位者亦為步。如前步之進，後步之隨，前後自有定位，若以前步作後，後步作前，更以前步作後之前步，後步作前之後步，則前後亦自然無定位也。總之，拳乃論勢，而握要者為步。活與不活，固在於步，靈與不靈，亦在於步，步之為用大矣哉……

附錄二

內功四經

山西宋氏形意門傳有《內功四經》，附錄如下，僅供參考。

原跋

此書得自清初，總憲王公得於水底石函之中，初無可解。百年之後，南溪子悟識參機，方知是仙傳至寶，付於知己宗景房。學者用之，必須由內功入手學練，納卦次之，神運又次之，地龍收功，大略不過如此也。尚望同志者詳註參學是幸。

北京宋約齋得於燕都，劉曉堂先生得於瀋陽工部庫中。

卷壹　內功經

內功之傳，脈絡甚真。不知脈絡，勉強用之，則無益而有損；前任後督，氣行滾滾，井池雙穴，發勁循循，千變萬化，不離乎本，得其奧妙，方歎無垠。任脈起於承漿，直下至陰前高骨；督脈起於尻尾，直上由脊背過泥丸，下印堂，至人中而至。井者，肩井穴也，肩頭分中即然；池者，曲池穴也，肘頭分中即然，此周身發勁之所也。龜尾升氣，丹田練神，氣下於海，光聚天心。從尾骨盡處用力向上翻起，真氣自然上升矣。臍下一寸二分，丹田穴也，用功時，存元神於此處耳。小腹正中為氣海，額上正中為天心，氣充於內，形光於外也。既明脈絡，次規格式。格式者，入門一定之規也，不明此，即脈絡亦空談耳。頭正而起，肩平而順，背平而正。正頭、起項、壯面、神順、肩活，胸平背自平，身微有收斂之形，此式中之真竅也。足堅而穩，膝曲而伸，襠深而藏，肋開而張；足既動，膝用力，前陰縮，兩肋開，氣調而勻，勁鬆而緊；出氣莫令耳聞，勁必先鬆而後緊，緩緩行之，久久功成。先吸後呼，一出一入，先提後下，一升一伏，內收丹田，氣之歸宿。吸入呼出，勿使有聲。提者，吸氣之時，存想真氣上升至頂也；下者，真氣降歸於丹田也；伏者，覺周身之氣漸小，墜於丹田，龍蟄虎臥潛伏也。

下收穀道，上提玉樓，或立或坐，吸氣於喉，以意送下，漸至底收。收者，慎氣謝也，提玉樓者，耳後高骨也。使氣往來無阻礙，不拘坐立，氣自喉者，以肺攝心也，氣雖聚於丹田，存想沉至底方妙。

升有升路，肋骨齊舉；降有降所，氣呑俞口。氣升於兩肋，骨縫極力張開，向上舉之，自然得竅。降時必自俞口，以透入前心，方得真路。

既明氣竅再詳勁訣。

曰：通，勁之連也。曰：透，骨之速也。通透往來無阻也，伸勁拔力以和緩，柔軟之意。

曰：穿，勁之連也。曰：貼，勁之絡也。穿貼橫竪聯絡也，伸勁拔力以剛堅，凝結之意。

曰：鬆，勁之漁。曰：悍，勁之萃。鬆漁者，柔之極也，養精蓄鋭之意；悍萃者，剛之極也，氣血結聚之謂。鬆如繩之繫，悍如水之清。

曰：合勁之一，曰：竪勁之轉。合者，合周身之一也；竪者，橫竪斜纏之謂也。

按肩以練步，逼臀以堅膝，圓襠以堅胯，提胸以下腰。按肩者，將肩井穴勁，沉至湧泉；逼臀者，兩臀極力貼住也；圓襠者，內向外極力掙橫也；提胸者，起前胸也。

提頦以正項，貼背以轉斗，鬆肩以出勁。兩背骨用力貼住，覺其勁自臍下而出，自六腑向外，轉至斗骨而回。出勁之時，將肩井穴勁軟意鬆開，自無礙矣。

曰橫勁，曰順勁，變之分明，橫以濟竪，竪以橫用。竪者，肩至足底；橫者，兩背手也。以身説，則竪者自腋至二肩穴；橫者，自六腑轉於斗骨背也。自襠至足底，自膝至於臀，以腿而言之也。

五氣朝元，周而復始。四支元首，收納甚妙。吸氣納於丹田，升真氣於頭，復至俞口，降於丹田。一運真氣，自襠下於足底，復上自外胯升於丹田。二運真氣自背骨膊裡出手，復自六腑，轉於丹田，一升一降，一下一起，一出一入，並行不悖，川流不息，久久用之，妙處參悟甚多。

練神練氣，返本還元，天地交泰，水升火降，頭足上下，交接如神；靜升光芒，動則飛騰，氣勝形隨，意勁神同。神帥氣，氣帥形，形隨氣騰。

以上勁訣既詳，下言調氣之方：

每日清晨，靜坐盤膝，閉目鉗口，細調呼吸，一出一入，皆從鼻孔。而少時氣定，遂吸一口氣，但吸氣時須默想真氣自湧泉發出，升於兩脅，自兩脅升於前胸，自前胸升於耳後，漸升於泥丸，降手時，須默想真氣由泥丸至印堂，降至鼻，鼻至喉，喉至脊背，脊背透至前心，前心沉至丹田，丹田氣足，自能復從尾閭，達於脊背，上升泥丸，周而復始，從乎天地，回圈之理也。

卷貳　納卦經

乾坤

頭項法乎乾，取其剛健純粹。足膝法乎坤，取其靜厚載。凡一出手，先視虎口，前中高咳用力，正平提起；後脊背用力塌下，真手來時，直達提氣穴，著力提住，由百會穴轉過崑崙，下明堂，貫兩目，其氣欲鼻孔泄時，便吸入丹田。兩耳下各三寸六分，謂之眼穴，用力向下截住，合周身全局。用之久，自知其妙也。凡一用步，兩外虎眼極力向內，兩內虎眼極力向外，委中大筋竭力要直，兩蓋骨竭力要曲，四面相交，合周身之力向外一扭，則湧泉之氣，自能從中透出矣。

巽兌

若夫肩背宜於鬆活，是乃巽順之意，襠胯要宜靠緊，須玩兌澤之情。塌肩井穴，須將肩頂骨正直下與比肩骨相合，曲池穴，比肩頂骨略低半寸，手腕直與肩齊，背骨遂極力貼住，此是豎勁，不是橫勁，以豎則實，以橫則虛。下肩井穴，自背底骨直至足底，故謂豎。右背則將左背之勁，自骨底以意透於右背，直送二記扇門穴，故謂橫。兩勁並用而不亂，元氣方能升降如意，而巽順之意得矣。襠胯要圓而緊，氣正直上行，不可前出，不可後掀，兩胯分前後，前胯用力向前，後胯用力向下，湧泉來時向上甚大，兩胯極力按之總以骨縫口相對，外陰、內陽，忽忽相吞併為主。

艮震

艮象曰：時行則行，時止則止，其義深哉。

胸欲竦起，艮山相似，肋有呼吸，震動莫疑，肋者協也，魚鰓也。胸雖出而不高，肋雖閉而不束，雖張而不開，此中玄妙難以口授。用力須以意出、以氣勝，以神足，則為合式，非出骨內勁也。用肋一氣呼吸為開拳，以手之出為開閉，以身之縱橫為開閉。步高勁在於足，中步勁在於肋，下步勁在於背，自然理也。

坎離

坎離之卦，乃身內之義也，可以意會，不可以言傳。以腎為水火之象，水宜升，火宜降。兩相既濟，水火相交，真氣乃萃，精神漸長，聰明且開，豈但勁乎？是以善於拳者，講勁養氣，調水火，此一定不易之理也，須以意導之。下氣聚勁，練步，皆欲心氣下達於腎也，亦須以意導也。

卷叁　神運經

總訣四章

練形而能堅，練精而能實，練氣而能壯，練神而能飛。固形氣，以為縱橫之本；

萃精神，以為飛騰之基。故形氣勝，能縱橫；精神斂，能飛騰。

右第一章言神運之體

先明進退之勢，復究動靜之根，進先伏而後起，退方一合而即動。以靜為本，故身雖疾，而心自暇，靜之妙，當明外呼吸之間。縱橫者，勁之橫豎；飛騰者，氣之深微。

右第二章言神運之式

擊敵者，有用形、用氣、用神之遲速；被攻者，有仆也、怯也、索也之深淺。以形擊形，自到後而乃勝；以氣擊氣，手方動，在而謂；以神擊神，身未動，而得入。形受形攻，形傷而仆於地。氣受氣攻，氣傷而怯於心。神受神攻，神傷而索於膽。

右第三章言神運之用

縱橫者，肋中形合之式；飛騰者，丹田呼吸之間。進退隨手之出入，來去任氣之自然。氣欲露而神欲斂，身宜穩而步宜堅，即不失之於輕，復不失之於動。探如鷹隼之飛，疾若虎豹之強。

右第四章合言體用之意

山不汗則崩，木無根則倒，水無源則涸，功夫亦然，學者欲用神運經，必須內功、納卦、十二大勁，周身全局方可學此。否則不惟無益，而且有損。凡用此功，必須騎馬式，穩住周身全局，一呼則縱，一吸則回。縱時兩足齊起，回時兩足齊落，此法永不可易。然用勁，又因敵佈陣，當有高低、上下、遠近、遲速、虛實、大小，變化不一。剛柔動靜之間，成敗得失之機，在是焉。欲善用勁，須動步不動心，動身不動氣，心表靜而步堅，氣靜而身穩，由靜而精，自得飛騰變化矣。蓋知靜之為靜，靜亦動也；知動之為動，動亦靜也。是以善於神動者，神緩而眼疾，心緩而手疾，氣緩而步疾，蓋因外疾而內緩，外柔而內剛，知體用之妙也。所貴者，以柔用剛，方是真剛，以柔用疾，方是真疾。此中定靜妙奧之用得之於象外，非可以形跡求也，學者務要深詳參究，久而久之，神運之法自能悟其妙理。

神運既明再言內功十二大力法：

一曰底練穩步如山，二曰堅膝屈直似柱。

三曰襠胯內外湊齊，四曰胸背剛柔相濟。

五曰頭顱正側撞敵，六曰三門堅肩貼背。

七曰二門橫竪用肘，八曰穿骨破彼之勁。

九曰堅骨封彼之下，十曰內掠敵彼之裡。

十一曰外格敵之外，十二曰撩攻上內外如一矣。

卷肆　地龍經

地龍真經，利在底攻；全身經地，強固精明；伸可成曲，住亦能行；曲如伏虎，伸比騰龍；行住無蹤，伸屈潛蹤；身堅似鐵，法密如龍；翻猛虎豹，轉疾隼鷹；倒分前後，左右分明；門有變化，法無定形；前攻用手，二三門同；後攻用足，踵膝通攻；遠則追擊，近則接迎；大胯著地，側身局成；仰倒若坐，尻尾單憑；高低任意，遠近縱橫。

代後記

我與《逝去的武林》

常學剛

二〇〇六年的十一月，《逝去的武林》出版，承皓峰先生美意，特加一則「鳴謝」，說李仲軒老人文章的面世，「是由《武魂》雜誌常學剛先生首次編輯發表，並提議開設系列文章」。

於是，我就和這本被讚為「奇人高術」的書有了關係，乃至沾光，居然也被一些讀者當成了慧眼識珠的高人。

當然，所謂「慧眼」、「高人」之類，於我實在是並不沾邊，但想想十餘年前發生的這段「文字緣」，卻又不是全無可憶。若讓現在說一說感受，大概「可遇不可求」這幾個字，還比較貼切。

「系列文章」開設的緣起

大約是在二〇〇〇年的十至十一月間，我收到一篇社會自由來稿，題目是《我所了解的尚式形意拳》，作者叫徐皓峰。文章講的是作者向李仲軒先生學習尚式形意拳的事情。這位李先生據說是形意拳大家尚雲祥的弟子，時年八十五歲。

我不知道徐皓峰是誰，李仲軒先生也是名不見經傳。文章雖然在《武魂》二〇〇〇年第十二期登出來了，但在我眼中，這只是每日過往稿件中普通的一篇而已。如果當年徐皓峰就此打住，我相信這一次編者與作者的交集，不會給我留下特殊的印象。

幸運的是，徐並未住手，時隔三個月後，第二篇《耳聞尚雲祥》來了（刊發在《武魂》二〇〇一年的第四期）。現在看來，此文是「李仲軒系列文章」日後之所以能成為「系列」的關鍵。

之所以說其「關鍵」，是因為這篇稿件說的話，與我所熟悉的完全不同。比如：武林皆知尚雲祥功力驚人，練拳發勁，能將青磚地面踩碎，故得「鐵腳佛」之美譽，而此文則說尚雲祥對這個稱呼很不喜，認為是「年輕時得的，只能嚇唬嚇唬外行」。

再比如，凡是練形意拳的人都知道「萬法出於三體式」，可此文卻說尚雲祥說過「動靜有別」的話，甚至連形意拳最基本的樁法三體式都不讓門人站。至於文中所介紹的尚雲祥課徒手段，甚麼「轉七星」、「十字拐」、加上了兩個鐵球的「圈手」等等，更是聞所未聞。

而最駭人的，莫過於此文「練形意拳招邪」的說法，用尚雲祥的話講：「太極十年不出門，形意一年打死人」，學形意拳的都在學打死人，最終把自己打死了。——諸如此類的語言，讓自詡是內行的我，心頭又恨又癢，既恨「內行」被顛覆，又心癢於「顛覆」後面那未知領域的誘惑。「做系列」的念頭，或許就是從這時產生了。

文章讓我心儀的另一個原因，就是他文字和見識與眾不同。在第三篇《尚式形意拳的形與意》一文的最後，徐皓峰寫道：比如畫家隨手畫畫，構圖筆墨並不是刻意安排，然而一下筆便意趣盎然，這才是意境。它是先於形象、先於想像的，如下雨前，迎面而來的一點潮氣，似有非有，曉得意境如此，才能練尚式形意。尚式形意的形與意，真是「這般清滋味，料得少人知」。

——這番議論，為以往來稿所僅見，虛無縹緲，朦朦朧朧，正合了拳學「無拳無意是真意」的妙諦。

後來了解，徐皓峰年紀輕輕，卻學過畫，修過道。李仲軒、徐皓峰爺孫二人，年齡相差近一個甲子，天知道是怎樣一個緣分！無李的見識，徐斷無此拳學境界；無徐的知音，李的見識未必能表達得這般確切傳神。李、徐互相成就了。

不記得向徐皓峰建議「做系列」的具體時間了，總之稿件的刊登漸漸密集起來。而我跟《武魂》的讀者，心一定是相通的，《耳聞尚雲祥》剛刊出不久，反饋就來了：

「徐皓峰先生的《耳聞尚雲祥》，讀了使人感到真實、可信且有新意，道出了常人所不知的一些史實真情，我們喜愛這樣的文章」，一位讀者來信這樣說。

再往後，除了讀者來信不斷，《武魂》上的文章被傳到網上，網絡好評如潮，甚至出現一個以「軒迷」為號召的群體。李仲軒從雜誌走上網絡，原本默默無聞的「小人物」，竟以這種方式，突然走進了武術的歷史。

「李老人家的話寫在三塊錢的雜誌上，是把黃金扔到你腳下。千萬千萬把他撿起來」——在所有熱評中，這句話最讓我心動！

一向見來稿就想改一改的我，竟抑制了這種「編輯職業病」，稿子一字不改，還不知不覺頂禮膜拜起來，總希望有新的稿件，帶給我和讀者新的驚喜——我也成了一個「軒迷」！

說起來，是那些關注《武魂》雜誌的讀者和網民，他們真正內行的深入解讀，他們熱情急切的期盼敦促，推動了這個系列欄目一做就是五年，他們才是慧眼識珠的高人。

一波三折

印象中，我所遇到的稿件，大概沒有一份會像這個「系列」那樣，憑空生出若干波瀾。而讓我大為意外的是，第一個發難者會是徐皓峰的母親。

就在「系列」連續刊出而我頗有些飄飄然時，徐母來電說，自從《武魂》刊登了她兒子的文章，徐家就不斷有人上門，或拜師或挑戰或採訪或尋根，各類形狀，各種口氣，擾了一家人的平靜。電話裡，我能覺出憂慮。

徐母口氣嚴厲，她說，家裡絕不願徐皓峰摻到武術這個行當中來。她甚至懇求我「不要再勾著」她的兒子寫這些東西了！

我無言以對，就像個當場被捉的「教唆犯」，聽憑數落，臊眉耷眼，很沒臉也很無趣。

後來對李仲軒老人的歷史和徐皓峰的情況知道得多了，才漸漸明白這一家人，心中有著一個怎樣的武林，才理解當這個「逝去的武林」與今天「現實的武林」碰撞時，帶給他們的是怎樣的心理落差。

正像徐皓峰在二〇〇二年二月二十一日給我的一封信中所說：「武林的理，原本就不是我們能想像的。」

從李仲軒的文章中可知，老人心中的那個武林，是直來直去、肝膽相照、豪氣干雲的武林，當年雖因「舊景令人徒生感傷」，「從此與武林徹底斷了關係」，但對師友的那份眷戀，依然深埋在心底。五十餘年後，李老以故人復相見的熱忱來擁抱這個武林時，此武林是彼武林麼？

我沒有想到，李老和徐皓峰大概也沒有想到，「系列」遇到的第二個波瀾，卻是「正名」，換言之，就是「辯誣」。

當今武林，凡有新面孔或眼生的拳技面世，常常會有人從各方面做一番來龍去脈的盤查，甚至潑來髒水。李仲軒「尚雲祥弟子」的身份，也受到拳派一些質疑，讀者對李文的好評愈多，批評質疑之聲愈烈。

從李仲軒先生所發表的文章和此期間徐皓峰給我的幾封信來看，一開始的李仲軒老人，極誠懇乃至極謙恭地為自己的身份提供著證明（以李仲軒的高傲性格，這是很難為他的），披露一些如尚雲祥叫「尚昇，字雲翔」等等只有老輩練拳人才知曉的珍貴史料，還認真回憶了在尚雲祥家學拳的種種生活細節。

溝通是有效的，一些同門練拳人來訪，認了這個前輩。當然也有人，哪裡真的去聽你「辯誣」呢？無怪徐皓峰在給我的信中說：「一個八十多歲的人，還被別人要求印證自己的身份，我覺得悲哀。」

仲軒老人也許終於領會了，他給《武魂》寫了一封信，表示：雖然我不能不認我的師父，但今後談拳，用唐師（唐維祿）的傳法。最後說：「我遵守與尚師的約定，沒有收過一個徒弟，所以等我去世後，尚式形意就沒有我這一系了，如有，便是冒名者。」

不少讀者特別是網絡上的那些「軒迷」，對李仲軒尚式形意拳「系列」的「自我腰斬」痛惜不已。這般情景，也是我的編輯經歷中不曾見過的。

系列文章歷經的最後的一個波瀾，是二〇〇四年三月十一日上午，李仲軒先生猝然辭世，而就在此前數天，李老還曾委專人寄稿三篇給我，願將所知形意拳的內容陸續寫出，藉助《武魂》與讀者廣結武緣。孰料僅僅數日，竟已幽明永隔。

我不迷信，但也感歎莫非真是「天喪吾也」，或是冥冥之中自有造物安排，有意不讓諸事圓滿，而留給世人「缺憾美」的想像與回味！

李老的最後三篇遺作，經他生前親自確認核定，題為《閉五行與六部劍》、《薛顛的猿象牛象》、《形意拳「入象」說》，陸續在《武魂》二〇〇四年四期、五期、六期刊出。

李老辭世後的第三天，皓峰先生又有專函寄至《武魂》，是替李老向廣大喜愛他的讀者做最後的道別。文中還公開了李存義傳下的「五行丹」方，算是給大家留下的紀念。

徐皓峰在信中說：「《形意拳「入象」說》一文是在李老生前整理的最後一篇，文中說了些略怪的話。現老人辭世，話也記入文中，不管如何，總之留下個資料。」

《形意拳「入象」說》都說了哪些「略怪」的話？趕緊拿出來看，話說得挺深奧，一段一段的，好像之間並不連接，也讀不大懂。後來並沒有專門去問徐皓峰，因為李仲軒有言在先：「一篇怪話，聊作談資。」或許確是用來隨意聊天的東西，不必一本正經；抑或是禪語機鋒，明心見性，真諦就隨你見仁見智了。

收穫與遺憾

關於《逝去的武林》一書的前世，拉拉雜雜地寫了那些流水賬，別人看來，可能並沒有甚麼用處，頂多就算給讀者增加了一點談資。然而在我心裡，卻並不這麼想。李仲軒的系列文章，在《武魂》雜誌一刊就是五年，其間牽動的種種波瀾與反饋，都是現實中真實的人和事，它折射出了當代武林的林林總總。

而正是因為對這個流水賬的回顧，我才理解了皓峰先生在把李仲軒的系列文章整合成冊時，為甚麼要昇華定名為《逝去的武林》。今日的武林逝去了甚麼？不是拳經，不是拳譜，不是一拳一腳的技術，而是皓峰先生所說的：這個時代缺得最多的就是傳統中國人的「樣兒」。

我當武術雜誌編輯，總共才二十年，而這一個「系列」，就佔去了五年。是李仲軒的文章和李仲軒文章在《武魂》的經歷，使原本淺薄的我，變得多少深刻了一些，深刻到能去思考思考中國人原本該有的風範。

這樣的稿子，在一本武術類雜誌中，並不是總能夠遇到，所以我說李仲軒的文章「可遇而不可求」。一個編輯能夠遇上這樣的一份稿子，堪稱幸運！

在與李仲軒老人交往的過程中，令我最遺憾的事情，就是沒能見上老人一面。現在想來，因為替仲軒老人編輯系列文章且待人還算誠懇的原因，我大概已是老人心目中一個很近的朋友了。老人多次讓徐皓峰帶話給我，說視我為朋友，要請客相見，並在來信中表示：

> 貴刊以誠待我，我也以誠待貴刊待您。
> 萍水相逢，多蒙照顧，心下感激。
> 您對文章的支持，是難得的知遇之緣，我們會珍惜！

然而，對這份情誼，我卻沒有珍惜，因為我的無知、懶惰和假清高，最終也沒有與仲軒先生見上一面。我無知，不理解仲軒老人時隔五十年「重出江湖」之後，期待與他的武林重逢之情；不理解老人因現實落差，而對真情實意倍加渴求。

也不知道老人在上面那些信中對我表達的情誼，其實是老人在呼喚他的那個武林。這一切，真應該早點懂得，可惜那時我不懂。

手頭只有仲軒老人贈給我的幾張照片，斯人已逝，情誼長存。

當時我不懂，現在我懂了，在這裡，向李老的那個「武林」致敬！

二〇一三年三月十九日草成

責任編輯　正圓
裝幀設計　彭若東
責任校對　江蓉甬
排　　版　蔣貌
印　　務　馮政光

書　　名　逝去的武林
口　　述　李仲軒
撰　　文　徐皓峰
出　　版　香港中和出版有限公司
Hong Kong Open Page Publishing Co., Ltd.
香港北角英皇道四九九號北角工業大廈十八樓
http://www.hkopenpage.com
http://www.facebook.com/hkopenpage
http://weibo.com/hkopenpage
Email: info@hkopenpage.com
香港發行　香港聯合書刊物流有限公司
香港新界荃灣德士古道二二〇—二四八號荃灣工業中心十六樓
印　　刷　美雅印刷製本有限公司
香港九龍官塘榮業街六號海濱工業大廈四字樓
版　　次　二〇一五年四月香港第一版第一次印刷
二〇二四年二月第二版第二次印刷
規　　格　三十二開（148mm × 210mm）三五二面
國際書號　ISBN 978-988-8763-99-3